Roman Kmenta

WER WAGT gewinnt

Mutig verkaufen, Kunden gewinnen und Erträge steigern

für Verkäufer,
Key-Account-Manager
und Führungskräfte
im Verkauf

Impressum

1. Auflage 10/2022

Umschlaggestaltung: Monika Stern / sternloscreative e.U.
Layout: Monika Stern / sternloscreative
llustration: Monika Stern / sternloscreative e.U.
Lektorat/Korrektorat: VoV media
Bildrecht: © sternloscreative / © Andrea Sojka
ISBN Hardcover: 978-3-903845-44-2
Verlag: VoV media – www.voice-of-value.com

Die Inhalte dieses Buches wurden mit größter Sorgfalt erstellt. Für die Richtigkeit, Vollständigkeit und Aktualität der Inhalte können wir jedoch keine Gewähr übernehmen. Dieses Buch enthält Links zu externen Webseiten Dritter, auf deren Inhalte wir keinen Einfluss haben. Deshalb können wir für diese fremden Inhalte auch keine Gewähr übernehmen. Für die Inhalte der verlinkten Seiten ist stets der jeweilige Betreiber oder Anbieter der betreffenden Seiten verantwortlich. Zum Zeitpunkt der Publikation dieses Buches lagen uns – nach Prüfung dieser Webseiten – keine Hinweise auf Rechtsverstöße vor. Sollten solche zu einem späteren Zeitpunkt bekannt werden, werden wir die Links so rasch wie möglich entfernen.

Bei der Wiedergabe von Gebrauchsnamen, Handelsnamen, Warenbezeichnungen und eingetragenen Marken wurde – im Sinne der leichteren Lesbarkeit – auf die Markenzeichen verzichtet.

Im Buch wird auf verschiedene Produkte verwiesen, die zum Teil auf Amazon zu kaufen sind. Als Amazon-Partner verdient der Autor an qualifizierten Verkäufen.

INHALT

„Herr Doktor, Entschuldigung, dass ich störe, aber darf ich Ihnen die nächste Patientin hereinschicken?" Die junge Sprechstundenhilfe streckte den Kopf zur Tür herein.

„Ja, sie soll hereinkommen. Wir sind ohnehin schon fertig, denke ich." Der Arzt Dr. Steinhaus warf Corinna einen kurzen fragenden Blick zu. Eigentlich war Corinna noch nicht fertig, gemessen an dem, was sie eigentlich erreichen wollte bzw. sollte noch lange nicht. Sie merkte aber, dass jedes weitere Wort im heutigen Gespräch eines zu viel wäre. Die Praxis lief auf Hochbetrieb. Der Warteraum war voller Patienten. Die Argumente, die sie jetzt noch bringen könnte, würden vollkommen wirkungslos verpuffen und vermutlich nicht einmal wahrgenommen werden. Also gab sie auf, für heute zumindest.

„Ja, wir waren schon durch, ich komme dann in ein paar Wochen wieder."

„Ich freue mich immer, Sie zu sehen", fügte Dr. Steinhaus charmant lächelnd hinzu.

Das glaubte ihm Corinna auch, allerdings unterstellte sie ihm, dass seine Freude nichts mit ihrem Job zu tun hatte. Als junge und durchaus attraktive – wie sie sich selbst zugestand – Pharmareferentin war sie Avancen seitens mancher männlichen Kunden gewohnt. Deren Beziehungsstatus spielte da oft keine Rolle. Obwohl sie gerade single war, wollte sie diese Karte ganz sicher nicht ausspielen. Sie wollte erfolgreich sein, auch ohne ihre weiblichen Reize dafür einsetzen zu müssen.

Sie griff die Unterlagen, die noch auf dem Tisch des Arztes lagen und verließ die Ordination, aber nicht ohne sich auch noch bei der Sprechstundenhilfe zu verabschieden. Die Mitarbeiter – das hatte man ihr gleich zu Beginn Ihrer Tätigkeit eingeschärft – sind oft der Schlüssel zum Erfolg eines Arztes.

Ihr Auto stand gleich vor der Praxis. Bevor sie losfuhr, nahm sie sich noch ein paar Minuten Zeit, um über das Gespräch mit Dr. Steinhaus nachzudenken und sich drei Fragen zu stellen – immer dieselben drei Fragen.

Das war etwas, das Ihr der Vertriebstrainer empfohlen hatte, bei dem sie – als Teil der Grundausbildung – ein dreitägiges Seminar absolviert hatte. Inzwischen war es zur festen Angewohnheit geworden.

„Was habe ich gut gemacht?", fragte sie sich. „Ich habe eine gute Beziehungsebene zum Arzt gehabt. Ich habe ein paar sehr gute Fragen gestellt", beantwortete sie Ihre Frage in Gedanken und notierte die

Antworten auf ihrem Block. „Ich habe mit einem sehr emotionalen Patientenbild gearbeitet", fügte sie dann noch hinzu. Das war es. Mehr fiel ihr nicht wirklich ein.

„Habe ich mein Ziel erreicht?" Man hatte ihr unzählige Male eingetrichtert, wie wichtig es wäre, sich Gesprächsziele vorzunehmen. Die Antwort lautete: „Ja." Doch während sie das notierte, hörte sie eine Stimme irgendwo aus Ihrem Hinterkopf, die sagte: „Ja klar, belüg dich nur weiter selbst." Die Stimme hatte recht, wie sie sich selbst eingestehen musste. Es stimmte zwar, dass sie ihr Ziel, ein gutes Gespräch zu führen, vielleicht erreicht hatte, aber was hieß das schon, ein gutes Gespräch. Sie war sich bewusst, dass sie das Gesprächsziel so sanft und dehnbar formuliert hatte, dass sie jederzeit mit Leichtigkeit behaupten konnte, das Ziel erreicht zu haben.

Doch wenn das so war, warum fühlte sie sich dann nicht besser? Mit zwei frustrierten Strichen machte sie ein Kreuz über das JA und schrieb daneben ein großes NEIN. Sie fühlte sich dadurch zwar nicht wirklich besser, aber zumindest war das ehrlicher. „Gute Gespräche, wirklich gute Gespräche mit Kunden müssen sich deutlich anders anfühlen", sagte sie sich.

„Was kann ich nächstes Mal anders machen?" Das war die dritte ihrer Fragen zur Reflexion des Gespräches. Wenn sie ehrlich zu sich selbst war, wusste sie gar nicht, wo sie beginnen sollte. Da war so vieles, was ihr einfiel, das nicht richtig gelaufen war. Dinge, die sie sich vorgenommen hatte zu sagen und dann doch nicht gesagt hatte. Fragen, die sie stellen wollte und die ihr dann nicht über die Lippen gekommen waren. Sie beschloss das jetzt nicht alles aufzuschreiben, da es sie gefühlt noch mehr frustrieren würde und sie hatte noch ein paar Gespräche vor sich, für die sie in einigermaßen guter Stimmung sein sollte.

Als sie um 17 Uhr ihre Wohnung betrat, streifte Corinna ihre Schuhe einfach nur von den Füßen und ließ sie achtlos im Flur neben ihrer Tasche stehen, was sonst gar nicht ihre Art war. Sie war müde und fühlte sich ausgelaugt und wollte sich einfach nur aufs Sofa fallen lassen, um dann genau gar nichts zu tun. Der Tag hatte es in sich gehabt. Die weiteren Gespräche waren ähnlich verlaufen wie das bei Dr. Steinhaus – nett, aber unverbindlich. Bei keinem einzigen hatte sie das Gefühl gehabt, irgendwie einen Schritt weiterzukommen.

Solche Tage waren in letzter Zeit häufiger vorgekommen. Sie versuchte sich damit zu trösten, dass es nun mal schwierig sei in einem bereits gut versorgten Markt wie dem der Medikamente für Diabetiker ein neues Präparat zu platzieren, aber das half nicht wirklich. Was blieb, war der Frust und das Gefühl, in etwas zu waten, worin sie knöcheltief versank und das jeden Schritt mühsam machte.

Ja, ab und an gab es Lichtblicke bei Ärzten, zu denen sie bereits mit den früheren Präparaten einen guten Kontakt hatte, aber bei den meisten hatte sie das Gefühl, dass sie mit ihrem neuen Präparat keinen Schritt vorwärtskam. Die ersten zwei oder drei Monate hatte sie es noch damit erklärt, dass es eben neu war und dass es eine Zeit dauerte, bis ein zusätzliches Präparat Fuß fassen konnte. Die neuesten Studien zeigten zwar deutlich, dass es für bestimmte Patientengruppen deutlich wirksamer und besser verträglich war, doch viele Ärzte waren grundsätzlich schwer zu Veränderungen im Verschreibungsverhalten zu bringen.

Doch als die Kollegen und Kolleginnen in den anderen Verkaufsgebieten begannen, mehr und mehr Erfolg zu haben, musste sie sich eingestehen, dass ihre Erfolglosigkeit offenbar mehr mit ihr als mit dem Markt, den Kunden oder dem Produkt zu tun haben musste, auch wenn ihr das schwerfiel und auch wenn es schmerzte.

Es war nicht so, dass sie nicht auch schon versucht hätte, an ihrer Vorgehensweise zu arbeiten. Dutzende Male hatte sie ihre Verkaufsgespräche analysiert. Nicht, dass sie nichts gefunden hätte, was sie besser machen könnte - da gab es einiges - doch nichts davon schien ihr so entscheidend, dass es ihr aus ihrer anhaltenden Erfolglosigkeit helfen könnte. Das war es im Grunde, was ihr am meisten zu schaffen machte. Sie hatte keine Ahnung und keinen Plan, wie sie das Ruder herumreißen konnte. Doch eines war klar, irgendetwas musste sie tun. So konnte es nicht weiter gehen.

Doch zumindest für heute beschloss sie mit dem Grübeln Schluss zu machen und zu versuchen, sich einfach nur zu entspannen. Ein gutes Essen, ein heißes Bad, ein gutes Glas Wein und ein paar Folgen ihrer Lieblingsserie würden ihr sicher dabei helfen. Sie blieb noch ein paar Minuten auf dem Sofa sitzen, raffte sich dann auf, um ihre Tasche und die Schuhe wegzuräumen und in etwas Bequemeres zu schlüpfen.

Dabei fiel ihr ein, dass sie ganz vergessen hatte, die Post aus dem Briefkasten zu holen. Auf dem Weg zurück zu ihrer Wohnung sah sie sie durch. Ein paar Werbesendungen, zwei Rechnungen und ein Paket, das sie neugierig öffnete. Es war von Ihrer Freundin Eva, ein Buch, stellte sie überrascht fest. Eine kurze Notiz lag auch dabei.

„Das ist das Buch, von dem ich dir erzählt habe. Es hat mir sehr geholfen. Es hat wahre Wunder gewirkt, würde ich beinahe behaupten. Viel Spaß beim Lesen. Eva."

Eva kannte sie vom Medizinstudium, das sie beide gleichzeitig abgebrochen hatten, um einen gut bezahlten Job im Pharmaaußendienst anzunehmen, zwar bei unterschiedlichen Unternehmen, aber sie waren trotzdem in engem Kontakt geblieben. Seit Eva geheiratet hatte und in eine andere Stadt 300 Kilometer entfernt gezogen war, trafen sie sich nur noch selten, aber telefonierten immer noch regelmäßig.

„Wer wagt, gewinnt – Mutig verkaufen, Kunden gewinnen und Erträge steigern" prangte in großen Buchstaben auf dem Cover. Ein wenig vollmundig, wie Corinna fand. Sie las den Klappentext: „Sie sind im Verkauf tätig und haben das Gefühl, auf der Stelle zu treten. Mehr angestrengt haben Sie sich schon, jedoch ohne nennenswerte Veränderungen zu bemerken. In diesem Buch erfahren Sie, warum mehr vom Selben nichts bringt und was Sie verändern müssen, um deutlich mehr Erfolg im Verkauf zu haben. Es geht darum, neue Wege zu gehen." Der Autor, ein gewisser Roman Kmenta, lächelte von der Rückseite des Buches. Irgendwie kam er ihr bekannt vor. Vielleicht hatte sie ihn in den sozialen Medien schon einmal gesehen.

Corinna fühlte sich von dem Text angesprochen. Angestrengt hatte sie sich genug, doch genau wie es hier stand, ohne nennenswerte Veränderungen zu erzielen. Vielleicht war es Zeit für einen ganz neuen Weg. Sie beschloss, das Buch in den nächsten Tagen zu lesen. Genug Geschäftliches für heute. Die Badewanne war inzwischen vollgelaufen und sah einladend aus, das heiße Wasser von einem riesigen Berg Schaum verdeckt. Sie goss sich etwas Wein in ein Weinglas, eines von den Großen, aus denen guter Wein noch viel besser schmeckte, trank einen Schluck, um dann noch kräftig nachzuschenken. Das brauchte sie heute. Sie stellte es auf den breiten Rand der Wanne, entledigte sich ihrer restlichen Kleidung und ließ sich in die Wanne gleiten.

+++++

Es war nicht der Wecker, sondern ihr Smartphone, das sie aus irgendeinem wilden Traum riss, an den sie sich Sekundenbruchteile später schon nicht mehr erinnern konnte. Corinna brauchte ein paar wertvolle Sekunden, um sich zu orientieren – zu lange, um abzuheben, bevor das Läuten stoppte.

„Oh Shit", sagte sie laut zu sich selbst, als sie sah, wie spät es war: 8:37 Uhr, wenn ihr Smartphone nicht falschlag. Nachdem der Wecker dieselbe Zeit angezeigt hatte, war sie geneigt, dem zu glauben. Immer noch nicht ganz wach, versuchte sie sich einen Reim darauf zu machen, warum es bereits so spät war. Normalerweise läutete ihr Wecker pünktlich um 7 Uhr. Sie erinnerte sich jetzt, dass sie am Vorabend Wein getrunken hatte, mehr als sonst und mehr als gut für sie war, woraufhin sie das dumpfe Pochen, das sich durch ihren gesamten Kopf zog, darauf zurückführte. Sie war frustriert gewesen und der Wein hatte ihr geschmeckt.

Da musste sie schlicht vergessen haben, den Wecker zu stellen.

Normalerweise wäre das auch kein Thema, da sie meist vor dem Wecker wach wurde, aber eben nicht nach fast einer ganzen Flasche Wein.

Sie checkte ihre Termine. „Oh Shit", sagte sie nochmals zu sich. Sie hätte um 8:30 Uhr ein online Teammeeting gehabt und ihre Chefin, Sarah war die Anruferin gewesen. Sarah hatte das Team erst vor kurzem übernommen und war, wie sich rasch gezeigt hatte, sehr ambitioniert – ganz so, als ob sie ihre mangelnde Berufserfahrung – Sarah war ein Jahr jünger als Corinna – durch übertriebene Kontrolle kompensieren wollte. Zumindest fand das Corinna und ein paar der anderen Kolleginnen und Kollegen auch.

Ihr erster Kundentermin heute war erst um 10 Uhr, aber ein gutes Stück Fahrt durch den dichten Frühverkehr entfernt. Das war zu schaffen, das Meeting davor nicht mehr, immerhin musste sie sich noch fertigmachen. Sie würde sich eine Ausrede einfallen lassen müssen, eine gute, aber darüber konnte sie auf der Fahrt nachdenken. Jetzt hieß es in die Gänge kommen.

Um 9:30 Uhr steckte Corinna wie erwartet im morgendlichen Stau, aber der Termin würde eine Punktlandung werden. „Hallo Sarah, es tut mir leid, dass ich heute beim Meeting nicht dabei war, aber ich hatte ein Problem mit meinem Waschbecken. Mein halbes Bad war überschwemmt."

„Das klingt ja dramatisch", antwortete Sarah und versuchte Empathie zu zeigen. „Eine kurze Nachricht an mich wäre halt gut gewesen, damit wir nicht vergebens auf dich warten."

„Ja, ich weiß, sorry, tut mir leid", erwiderte Corinna schuldbewusst.

„Gut, dass wir telefonieren. Ich wollte mir ohnehin einen Termin mit dir ausmachen. Wann bist du denn diese Woche mal im Büro?"

„Am Donnerstag voraussichtlich. Da sollte ich mir die neuen Marketingmaterialien für die Kampagne abholen. Worum geht es denn?"

„Du, wir haben uns schon länger nicht getroffen und sollten ohnehin wieder einmal ein ausführliches Gespräch führen", antwortet Sarah. „Deine Zahlen sind auch nicht da, wo sie sein sollten und ich wollte mit dir gemeinsam einen Plan ausarbeiten, wie wir das ändern", fügte sie dann noch hinzu.

Ah, daher weht der Wind also, dachte Corinna. Gemeinsam einen Plan ausarbeiten, klang zwar gut und positiv, doch letztlich würde es darauf hinauslaufen, dass Sarah ihr sagen würde, sie müsse ihre Ziele erreichen. Mit direkten Konsequenzen würde sie zwar nicht drohen, aber Corinna war lang genug im Unternehmen, um zu wissen, dass ihr Stuhl jederzeit ein wenig wackeln konnte. Sie hatte so etwas in der Art ohnehin schon erwartet. Noch mehr Druck, das war genau das, was ihr im Moment noch gefehlt hatte. Als ob die frustrierenden Kundengespräche nicht schon reichten.

„Passt dir 13 Uhr am Donnerstag?", fragte Sarah.

„Lass mich das kurz checken. Ja, das geht."

„Super, dann sehen wir uns am Donnerstag. Ich wünsche dir noch einen erfolgreichen Tag. Tschüss."

„Danke, tschüss", antwortete Corinna und war sich nicht ganz sicher, ob ihre Teamleiterin das Tschüss noch gehört hatte. Sch.... Timing, dachte Corinna, die fühlte, dass Ihr emotionaler Zustand bedingt durch das Telefonat nicht gerade so war, wie er sein sollte und noch dazu vor einem Ersttermin.

Nachdem der letzte Termin bei einem weiter entfernten Arzt abgesagt worden war – immerhin bevor sie hingefahren war – war es erst 15 Uhr, als Corinna nach Hause kam.

Das kam ihr ganz gelegen, da sie ohnehin noch die Spesenabrechnung und einigen anderen administrativen Kram zu machen hatte. Das wurde auch immer mehr, wie sie feststellte. Ständig musste sie irgendwelche Zahlen und Informationen liefern.

Um vier war sie damit durch und ging in die Küche, um sich einen Kaffee zu machen. Sie hatte zwar eine vollautomatische Maschine, benutzte diese aber nie. Viel lieber verwendete sie die kleinen italienischen Mokkamaschinen aus Alu, von denen sie schon einen halben Schrank voll hatte. Der Kaffee, den man damit machen konnte, war stark und sehr gut. Aber vielmehr noch war es das Ritual, das sie mochte: aufschrauben, Wasser hinein, Kaffee hinein, zuschrauben, auf die heiße Herdplatte stellen und warten, bis ein paar Minuten später der frische Kaffee in dem Gerät zischte und blubberte. Es war das perfekte Pausenritual für Corinna.

Während sie wartete, fiel ihr Blick auf das Buch, das sie von ihrer Freundin bekommen hatte. Es lag noch in der Küche neben dem Herd, wo sie es gestern hingelegt hatte. Sie schlug es auf und begann zu lesen.

WAS HEISST MUTIG VERKAUFEN

„Was heißt mutig verkaufen überhaupt? Wie kann man sich das vorstellen? Und braucht es überhaupt Mut im Verkauf? Reicht es nicht, wenn man einfach nur Gesprächstechniken beherrscht und sein Produkt bzw. seine Dienstleistung gut kennt, um gut und erfolgreich verkaufen zu können?" – Solche und ähnliche Fragen könnten Ihnen, wie vielen anderen Leserinnen und Lesern an dieser Stelle im Kopf herumschwirren – verständlicherweise und vollkommen zurecht.

Doch möglicherweise hat der Titel irgendetwas in Ihnen angesprochen, zum Schwingen gebracht, ansonsten würden Sie diese Zeilen hier nicht lesen. Vielleicht haben Sie ja das Gefühl, dass Ihnen der Mut im Verkauf ab und an fehlt. Wenn dem so ist, können Sie es ruhig zugeben. Erstens sind wir hier unter uns und ich erzähle es nicht weiter und zweitens sind Sie in guter Gesellschaft.

Warum denken Sie, schreibe ich ein Buch, in dem es darum geht, mutig zu verkaufen? Natürlich will ich damit mein gesammeltes Know-how Ihnen als Leserin oder Leser zur Verfügung stellen, in der Hoffnung, dass Sie und Ihr Business davon profitieren. Ehrlich gesagt sehe ich aber auch bei mir selbst immer wieder Potenzial, dort und da ein Stück weit mutiger zu sein im Verkauf. Dieses Buch, wie viele andere Bücher, die ich geschrieben habe, ist also auch Arbeit an mir selbst. Ich habe beim Schreiben regelmäßig neue Ideen und Erkenntnisse und wachse dadurch. Das ist mit ein Grund, warum ich fast allen meinen Klienten in der Beratung empfehle, ein Buch zu schreiben. Der Prozess zwingt sie über das, womit Sie sich beschäftigen, wirklich intensiv nachzudenken und das trägt Früchte. Die vielen anderen Gründe, die dafürsprechen, würden ein weiteres Buch füllen und tun das vielleicht sogar einmal.

Doch zurück zum Thema: Mut. Vielleicht beginnen wir – zum besseren Verständnis – den Begriff abzugrenzen von anderen, ähnlichen wie Tapferkeit etwa.

Ein österreichischer Kabarettist (sorry, ich weiß nicht mehr welcher) hat es vor Jahren sehr treffend auf den Punkt gebracht. ***„Mut ist, wenn Sie zum Zahnarzt gehen, Tapferkeit, wenn Sie dortbleiben."***

Tapferkeit hat sehr viel mit Durchhaltevermögen und Stärke (Resilienz, wie es heute sehr gerne genannt wird) zu tun. Damit Sie die Dinge, die Sie beginnen, auch fertig machen, zu Ende bringen. Tapferkeit bedeutet oft die Pfade, die wir gehen, vielleicht noch ein wenig breiter zu machen. Tiefer werden sie ohnehin, weil wir sie immer wieder beschreiten. Auch wenn wir auf diesen Pfaden manchmal nur langsam vorankommen, so kommen wir doch voran. Wir wissen, wenn wir einen Schritt nach dem anderen machen, kommen wir unserem Ziel näher.

Tapferkeit ist so betrachtet auch gar nicht schlecht. Ganz im Gegenteil, es ist eine wertvolle Ressource. Jemand, der tapfer ist – im Verkauf wie im Leben generell – wird in vielerlei Hinsicht Erfolg haben.

Doch dieser tapfere Weg hat – wie so vieles im Leben – natürlich auch seine Nachteile. Dadurch, dass wir ihn immer gehen, versäumen wir es, neue Wege zu erkunden und kennenzulernen. Wege, die vielleicht kürzer sind oder interessanter. Wege, die vielleicht gar nicht zu dem Ziel führen, das wir im Auge haben, sondern zu spannenden, reizvollen Zielen, von denen wir noch nicht einmal wussten, dass es sie gibt.

Man könnte auch sagen, wenn wir tapfer sind, halten wir uns – zum größten Teil zumindest – in unserer Komfortzone auf. Gleich vorweg: Diese ist sehr viel besser als ihr Ruf. Wir brauchen sie, um uns zu erholen, die Speicher wieder aufzufüllen und in dem, was wir tun – auch im Verkauf – ein wenig besser zu werden. Wir lernen dort, die bekannten Pfade ein wenig rascher zu beschreiten und doch hat sie einen großen Nachteil: In der Komfortzone gibt es nichts wirklich Neues für uns zu lernen und zu erfahren.

All das Neue, das wirklich andere, ist außerhalb der Komfortzone. Um diese zu verlassen, braucht es Mut. So schließt sich der gedankliche Kreis nun. Mutig verkaufen – so könnte man sagen – ist verkaufen außerhalb Ihrer Komfortzone. Eine Warnung gleich vorweg: Das fühlt sich zu Beginn nicht gut an. Man kennt sich nicht aus, ist unsicher und hat vielleicht – in extremen Fällen – sogar diverse körperliche Zustände wie Schweißausbrüche oder nervöse Zuckungen. Doch gleichzeitig sind all diese Emotionen und Symptome ein gutes Zeichen für Sie. Sie bedeuten, dass Sie die Grenze überschritten und Ihre Komfortzone verlassen haben.

Wir brauchen also beides – unsere Komfortzonen und alles außerhalb. Wir brauchen die Tapferkeit und Beständigkeit in unserer Komfortzone zu bleiben und den Mut, sie immer wieder zu verlassen. So weit, so gut, könnte man meinen. Theoretisch stimmt das. Praktisch beobachte ich mit aller Regelmäßigkeit:

„Wir sind zu oft tapfer und zu selten mutig."

Viele Verkäuferinnen und Verkäufer, auch ganze Teams und Vertriebsorganisationen halten sich quasi permanent in ihrer Komfortzone auf. Sie verlassen sie nur dann, wenn sie sie verlassen müssen, fallweise hinausgeschmissen werden. Doch das ist unvorbereitet und deshalb oft schmerzhaft.

Um eine der zu Beginn dieses Kapitels gestellten Fragen zu beantworten: Ja, Sie können natürlich auch allein mit Tapferkeit und indem Sie die ganze Zeit über in Ihrer Komfortzone bleiben Geschäfte machen, Kunden gewinnen und Aufträge abschließen. Ich würde sogar meinen, die allermeisten Verkäufer, Selbstständigen, Unternehmer und Unternehmen tun das, das geht. So gesehen könnten Sie sich auch entspannt zurücklehnen und Ihre Komfortzone ausloten und genießen.

Um allerdings auf diese Art und Weise große Ziele zu erreichen, Ihre Umsätze bzw. Ihr gesamtes Business auf ein ganz neues Level zu heben, werden Sie – wenn Sie es überhaupt schaffen – lange brauchen. Ganz nach dem Motto:

„Wenn du das machst, was du immer schon gemacht hast, wirst du das erreichen, was du bisher erreicht hast."

+++++

Ein lautes Zischen erinnerte Corinna daran, dass der Kaffee fertig war. Sie goss die heiße, beinahe schwarze Flüssigkeit in eine der kleinen dickwandigen Espressotassen aus dem letzten Italienurlaub. Kein Zucker, keine Milch, klein, stark und schwarz, so wie richtiger Espresso sein muss.

Obwohl sie wusste, dass er noch viel zu heiß war, nippte sie vorsichtig daran und verbrühte sich – wie so oft – ein wenig die Lippen und dachte – während sie neben dem Herd stehenblieb – über den letzten Satz nach. Sie fühlte sich ertappt. Es stimmte. Sie machte immer dasselbe bei ihren Kunden und erwartete, dass ein Wunder geschah und doch etwas anderes dabei herauskommen sollte. Sie nahm ihren Kaffee und das Buch, machte es sich auf dem Sofa bequem und las weiter.

+++++

Um genau das zu ändern – wenn Sie das wollen – habe ich dieses Buch geschrieben. Natürlich gibt es viele Bereiche, die in Ihrem Business wichtig sind und großen Einfluss auf die Ergebnisse haben, die Sie damit erzielen. Neben dem Verkauf sind das z.B. auch noch Marketing und Führung (wenn Sie Mitarbeiter haben). Der Grundgedanke dieses Buches – mutiger zu sein – lässt sich auch auf diese Bereiche anwenden. Für dieses Buch habe ich mich allerdings ganz darauf konzentriert, wie Sie diesen Mut im Verkauf anwenden können.

In diesem Buch geht es also darum, Ihre verkäuferische Komfortzone zu verlassen, und zwar absichtlich, geplant und ganz bewusst und so neue Wege zu den bekannten Zielen oder aber auch zu ganz neuen Zielen zu beschreiten. Wenn Sie diesen Schritt bewusst und geplant gehen, dann können Sie ihn entsprechend gut vorbereiten. Wir werden uns intensiv damit beschäftigen, was Sie in jeder einzelnen Phase des Verkaufs tun können, wenn Sie mutiger verkaufen wollen. Sie werden eine Reihe konkreter Tipps, Strategien und sogar Formulierungen erfahren, die Sie dann mutig und selbstbewusst umsetzen können.

Dabei geht es vor allem um die Führung von Verkaufsgesprächen, um die direkte Interaktion mit Kunden oder solchen Menschen, die es werden sollen und weniger um Strategien und den Verkaufsprozess generell, wenngleich man auch dabei mehr oder weniger mutig sein kann. Doch gerade im persönlichen Verkaufsgespräch ist die Komfortzone oft nur ein schmaler Bereich und selbst kleine Schritte nach außen erfordern eine Portion Mut.

Wir werden in verschiedene Bereiche des Verkaufens eintauchen und uns dort den jeweils mutigen Strategien und Vorgehensweisen widmen. Zu einigen dieser Bereiche habe ich bereits Spezialbücher zu genau diesen Themen verfasst (Einwandbehandlung, Fragetechnik etc.), auf die ich an geeigneter Stelle jeweils hinweise. Für diese Eigenwerbung, die allerdings auch im Sinne der Steigerung Ihrer Verkaufserfolge ist, entschuldige ich mich gleich vorweg (und verspreche Ihnen dabei nicht einmal, dass es „nie wieder vorkommen wird").

Als eifrige Leserin bzw. erfahrener Leser meiner Bücher werden Sie natürlich die eine oder andere durchaus gewollte Überschneidung mit meinen anderen Büchern entdecken. Jene Bücher gehen bei einzelnen, speziellen Phasen im Verkauf in die Tiefe. Dieses hier widmet sich ausschließlich den mutig(er)en Strategien, aber dafür in allen Phasen von Verkaufsgesprächen.

Weil auch dieses Thema in meiner Praxis immer wieder auftaucht, sollten wir den Mut vielleicht auch noch zum Übermut, oft gepaart mit Dummheit abgrenzen.

Mut ist gut vorbereitet, gut informiert und mit allen Ressourcen ausgestattet das angestrebte Ziel mit einer bestimmten Vorgehensweise auch erreichen zu können.

Die Wahrscheinlichkeit dafür liegt zwar nicht bei 100 % (das ist sie in diesen Dingen niemals), aber doch vernünftig hoch. Mut hat – so seltsam es klingen mag – das Risiko durchaus im Auge und mehr Kontrolle darüber als viele meinen. Mut wägt Risiken gegen Chancen ab und tritt in Aktion, wenn das Verhältnis ein gutes ist.

Übermut kann für Uninformierte dem Mut auf den ersten Blick recht ähnlich sehen – ist jedoch etwas ganz anderes. Ihm fehlen die allermeisten Merkmale, die den Mut attraktiv machen, sodass letztlich das Verhältnis der Risiken zu den Chancen eines ist, bei dem der Mutige die Finger davon lassen würde. Mut basiert auf Intelligenz, Übermut ist in der Nähe zur Dummheit angesiedelt.

Wo die Grenze verläuft, ist nicht allgemeingültig festlegbar. Schließlich hängt es auch mit demjenigen zusammen, der etwas macht. Auf einem Seil über einen Abgrund zu balancieren wäre für mich weit jenseits des Mutes und nicht einmal mehr übermütig oder waghalsig, sondern schlicht und einfach selbstmörderisch und dumm. Für einen geübten Artisten hingegen kann das aber ein mutiges Unterfangen darstellen.

Zum Glück sind die Abgründe, über die Sie im Verkauf bisweilen balancieren müssen, nicht so tief, sodass Sie es sich relativ einfach leisten können, auch einmal mutiger zu sein. Die schlimmsten Dinge, die dabei passieren können, sind meist welche, an die Sie sich ein paar Tage, Wochen oder Monate später nicht einmal mehr erinnern. Lassen Sie uns daher die Ärmel aufkrempeln, loslegen und mutig ans Werk schreiten.

Ich wünsche Ihnen viele mutige Impulse für Ihren Verkauf!

Ihr

+++++

„Bin ich mutig genug, wenn es um die Gespräche mit meinen Kunden geht?", fragte sich Corinna, während sie den letzten Schluck Kaffee aus der kleinen Tasse nahm. Noch vor ein paar Stunden hätte sie mit dem Begriff Mut im Verkauf nichts anzufangen gewusst. Doch was der Autor in seiner Einleitung schrieb, ergab Sinn, viel Sinn sogar.

Das Konzept mit der Komfortzone kannte sie natürlich, aber sie hatte noch nie darüber nachgedacht, es auf ihre Kundengespräche anzuwenden und sich die Frage zu stellen, ob sie sich im Verkauf zu oft in der Komfortzone aufhielt. „Nein Corinna, alles ok. Gewisse Dinge brauchen einfach ein wenig mehr Zeit", meldete sich eine sehr vertraute Stimme in ihr zu Wort und wollte sie beruhigen. Doch sie beschloss sie zu ignorieren, dieses Mal zumindest und sich nicht von ihr einlullen zu lassen. Wenn alles in Ordnung wäre, dann würden ihre Zahlen besser aussehen, viel besser. Nachdem sie das nicht getan hatten, war es das offenbar nicht.

Auch wenn sie noch nicht wusste, was genau ihr zum Erfolg fehlte, alles in Ordnung war es definitiv nicht. Sich ständig vorzumachen, dass es einfach nur eine Frage der Zeit war, bis sich der Erfolg mit dem neuen Präparat einstellte, brachte sie auch nicht weiter. Ganz im Gegenteil. Zeit war eine knappe Ressource und sie hatte das Gefühl, dass ihr die Zeit, um erfolgreich zu sein, bald ganz ausgehen würde. Sarah und vermutlich auch ihre Vorgesetzten machten Druck und wurden wahrscheinlich langsam ein wenig nervös, was Corinnas Verkaufsgebiet betraf. Auch wenn sie sich das nicht gerne eingestand, verstand sie das angesichts der Erfolge ihrer Kolleginnen und Kollegen auf den meisten anderen Gebieten sogar.

„Also, dann lass uns mal Tacheles reden", sagte sie halblaut zu sich selbst. Sie ließ die Kundengespräche der letzten Tage Revue passieren und fragte sich dabei ständig, ob sie bei diesen Gesprächen in der Komfortzone gewesen war. Die Antwort lautete „Ja" in jedem einzelnen Fall.

So sehr sie sich auch bemühte und danach suchte, sie fand keine einzige Situation, in der sie die Komfortzone verlassen hätte. Diese Erkenntnis war ernüchternd. Keine einzige! Dabei hätte sie nicht sagen können, dass sie sich in all diesen Gesprächen immer wohlgefühlt hätte, in manchen sogar sehr unwohl. Konnte das denn die Komfortzone sein, wenn man sich unwohl fühlte?

In diesem Moment fiel ihr ein, warum ihr der Autor bekannt vorkam. Sie hatte vor Jahren einmal ein anderes Buch von ihm gelesen. An den Titel konnte sie sich nicht erinnern, aber es ging darin um die Komfortzone. Das Cover war weiß. Sie stand auf, um ihr Bücherregal nach dem Buch zu durchsuchen. Sie war sicher, dass sie es nicht weggegeben hatte. Da stand es auch. Sie nahm es zur Hand und nachdem sie es rasch durchgeblättert hatte, erinnerte sie sich auch wieder an das Konzept mit den vier Zonen, von denen die Komfortzone nur eine war. Sie fand eine Abbildung der vier Zonen und überflog die Beschreibung. Jetzt war ihr auch klar, warum sie sich unwohl fühlte. Sie war nicht in der Komfortzone, sondern gemäß dem, was der Autor hier schrieb, in der Todeszone.

Die vier Zonen waren als konzentrische Kreise angeordnet, von denen die Todeszone den innersten Kreis, den Kern des Modells belegte, der von der Komfortzone umschlossen wurde. Dort, wo die Komfortzone von sinnvollen Routinen definiert wurde, waren es in der Todeszone die übertriebenen Routinen, die sie so gefährlich machten. In der Todeszone fühlte man sich schlecht, gefangen in den eigenen Routinen und Mustern. Die Todeszone fraß die Komfortzone sprichwörtlich von innen auf und wurde immer größer, wodurch die Komfortzone immer kleiner wurde.

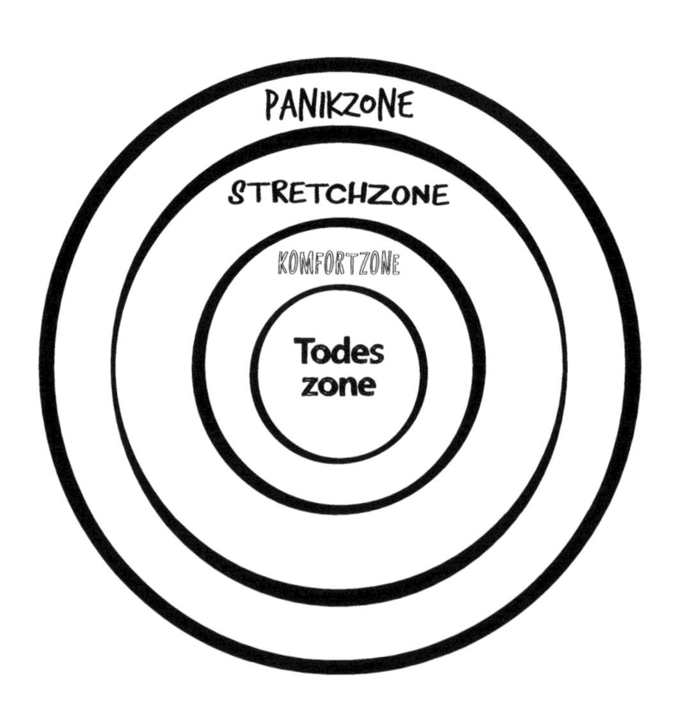

Übertragen auf Ihre Kundengespräche hieß das, dass sie immer wieder dieselben Abläufe abspulte und damit zwar nicht die erwünschten, aber immer dieselben Ergebnisse erzielte. So unangenehm sie sich in diesen Situationen oft fühlte und so schlecht es ihr danach oft ging, diese Abläufe gaben ihr dennoch eine Art der Sicherheit. Sie wusste zumindest, was geschehen würde, wie ihre Kunden reagieren und was die Resultate sein würden und hatte gelernt, sich damit abzufinden und zu leben.

„Das bekannte Übel ist oft leichter zu ertragen als die Unsicherheit, die mit dem Unbekannten einhergeht."

Dieser Satz traf zu einhundert Prozent auf sie zu, wenn sie ehrlich zu sich selbst war und das wollte sie sein. Sie las weiter. Die Todeszone war auch ein Bereich, in dem die Ressourcen fehlten, trotz der Unsicherheit zu handeln und diesen Bereich zu verlassen. Es gab dort nur noch eines: Dieselben Abläufe immer und immer wieder zu wiederholen und das Leid, das man dabei empfand, zu ertragen.

Je mehr sie darüber nachdachte, desto fester wurde Corinnas Überzeugung, dass sie in der Todeszone feststeckte und das vermutlich nicht nur in Ihrem Job. Abgesehen von mehr Mut, den es brauchen würde, um die Komfortzone zu verlassen, hatte sie spontan auch keine Idee, wie sie ihre Verkaufsgespräche anders führen sollte als so, wie sie diese eben führte. Aber das, so dachte sie, würde dann wohl in dem Buch zu lesen sein.

Auch wenn sie noch keine Ahnung hatte, wo all diese Überlegungen sie hinführen würden und ob sie damit ihre Kundengespräche erfolgreicher machen könnte, war es zumindest ein Anfang. Sie hatte zumindest etwas, das die Ursache für ihren anhaltenden Misserfolg sein könnte und wo sie mit Veränderungen ansetzen könnte. „Und nein", gestand sie sich ein, „ich bin ganz sicher nicht mutig genug. Nicht im Verkauf und in vielen anderen Bereichen auch nicht. Mut war noch nie meine Stärke." Doch genau deshalb, das war ihr klar, war es etwas, an dem es sich zu arbeiten lohnte, weil die Hebelwirkung von Veränderungen sehr groß sein könnte. Sie ließ sich wieder aufs Sofa fallen und las gespannt weiter. Die Überschrift des nächsten Kapitels „Mut – woher nehmen, wenn nicht stehlen?", machte sie neugierig.

BEVOR SIE WEITERLESEN

Bevor wir in das Thema dieses Buches einsteigen, noch ein Hinweis. Es gibt eine eigens für dieses Buch erstellte Ressourcenseite unter

https://www.romankmenta.com/ressourcen-mutig-verkaufen/ .

Dort finden Sie:

- Ihren persönlichen Stretchtest zum Download
- Links zu vertiefenden Blogbeiträgen und Podcasts,
- ergänzende Bücher und andere Produkte.

Schauen Sie am besten jetzt gleich vorbei, holen Sie sich Ihren Stretchtest und verschaffen Sie sich einen Überblick.

DAS MUT-MACH-BUCH

Das Trainingsprogramm zu diesem Buch hier finden Sie im Mut-Mach-Buch. In diesem ist ein Programm mit 67 Übungen für mehr Mut – von leicht bis herausfordernd – enthalten. Damit wird ihr Mut Schritt für Schritt wachsen und Sie werden selbst die Situationen im Verkauf und im Leben generell, die den meisten Mut benötigen, mit Leichtigkeit meistern. Holen Sie es sich am besten gleich jetzt.

Sie finden es auf der Ressourcenseite zu diesem Buch >>https://www.romankmenta.com/ressourcen-mutig-verkaufen/

MUT – WOHER NEHMEN, WENN NICHT STEHLEN?

Nun wage ich zu behaupten, dass die meisten von uns nicht mit einem Übermaß an Mut gesegnet sind, geschweige denn darunter leiden würden. Ganz im Gegenteil wünschen wir uns oft – und oft ganz insgeheim – dort und da doch etwas mutiger bzw. mutiger gewesen zu sein. Ich schon. Sie auch? Wir sind immer noch unter uns und ich erzähle, wie erwähnt, nichts von dem weiter, was Sie sich beim Lesen eingestehen.

Und doch brauchen wir ein wenig mehr Mut – so viel ist es oft gar nicht – um im Verkauf die Komfortzone zu verlassen. Woher nehmen also. Kaufen kann man ihn nicht und selbst ihn zu stehlen, würde nicht gelingen. Die gute Botschaft ist allerdings, dass Mut kostenlos ist, zumindest im monetären Sinn. Die noch Bessere ist, dass er bereits in Ihnen steckt, da bin ich ganz sicher. Warum ich das weiß? Weil wir all den Mut, den wir brauchen, als Kinder im Überfluss hatten und auch ausgelebt haben. Da ich nicht der Meinung bin, dass wir ihn verlieren, muss er noch da sein, tief in uns drin.

Sie müssen ihn nur von all dem überflüssigen Zeug, das sich im Laufe der Zeit angesammelt hat, befreien und ihn aus dem Käfig, in den Sie ihn vielleicht schon vor langer Zeit gesperrt haben, herauslassen. Dazu habe ich in diesem Kapitel ein paar Tipps und Techniken mitgebracht, die Ihnen dabei gute Dienste leisten werden.

Mutige Ziele setzen

Wie so vieles im Leben beginnt auch der erfolgreiche Verkauf damit, zu wissen, wo man hin möchte. Was wollen Sie in einem Verkaufsgespräch erreichen? Stellen und beantworten Sie sich die Frage vor einem Kundenkontakt regelmäßig? Ich behaupte, dass in erschreckend vielen Fällen diese Frage gar nicht gestellt wird. Danach gefragt, würden viele wahrscheinlich so etwas antworten wie „ein gutes Gespräch führen".

Sie kennen wahrscheinlich die SMART-Formel der Zieldefinition, wobei die einzelnen Buchstaben des Akronyms für ...

- Spezifisch
- Messbar
- Attraktiv
- Realistisch
- Terminiert (zeitlich geplant)

stehen. In Bezug auf mutige Zielsetzung sind vor allem das A und das R interessant, doch auch das S für spezifisch und das M für messbar können eine Rolle spielen. So kann ich mich als Verkäufer recht einfach aus der Verantwortung ziehen, indem ich ein Ziel sehr schwammig und nicht messbar formuliere, da es dann recht einfach ist, sich selbst vorzulügen, dass man es doch irgendwie erreicht hätte.

Jetzt bin ich bei Gott kein Fanatiker, was die exakte Definition von Gesprächszielen betrifft, doch ein wenig mehr als das sollte es schon sein. Sie sollten zumindest ...

- wissen, wo Sie hinwollen und
- im Nachhinein dann wissen, ob Sie da auch angekommen sind und Ihr Ziel erreicht haben.

Wenn Sie wissen, wo Sie hinwollen, zumindest die Richtung angeben können, dann haben Sie im Vergleich zu vielen anderen im Verkauf die Nase bereits weit vorne. Dabei sprechen wir allerdings noch nicht von mutigen Zielen. Dazu kommen wir gleich noch.

Attraktive Ziele sind solche, die Sie wirklich gerne erreichen wollen. Solche, die eine Anziehungskraft für Sie besitzen. Nicht immer, aber doch auffallend häufig sind das aus meiner Erfahrung auch mutige Ziele. Oft sind es Ziele, die wir dann doch nicht anstreben, weil sie uns unrealistisch erscheinen, also dem R in SMART widersprechen.

Doch was bedeutet „realistisch"? Wie schätzen Sie ein, ob etwas realistisch ist oder nicht? Auch das hängt ganz von der Situation ab, in der Sie sich befinden. Generell würde ich meinen, wir zielen oft zu tief und bleiben damit unter unseren Möglichkeiten.

Es gibt unzählige Beispiele, in denen etwas so lange für unrealistisch gehalten wurde, bis jemand kam (manchmal jemand, der davon nichts wusste) und es einfach gemacht hat.

Das bedeutet, allein die Tatsache, dass wir etwas für unrealistisch halten, erhöht die Wahrscheinlichkeit, dass wir es nicht erreichen. Roger Bannister lief im Mai 1954 als erster Mensch die Meile unter 4 Minuten, eine Marke, von der viele glaubten, dass sie nicht unterschritten werden konnte.

Das wirklich Spannende daran war allerdings nicht, dass Roger Bannister sie unterschritt, sondern dass es in den Wochen und Monaten auch vielen anderen Läufern gelang, ganz so, als ob ein Damm gebrochen war. Er hatte bewiesen, dass es möglich und somit auch realistisch war.

Ich würde das R für realistisch daher ganz gerne ersetzen durch ein A für ambitioniert. Dieses Wort drückt sehr viel besser aus, worum es geht. Realistisch ist es auch, mir als Ziel zu setzen, mich mit dem Kunden zu unterhalten. Das R lässt so etwas zu. Von ambitioniert und mutig ist das allerdings sehr weit entfernt. Das A für ambitioniert ist da deutlich fordernder und schließt zu kleine, zu einfach zu erreichende Ziele, die keinerlei Mut und oft nicht einmal Tapferkeit erfordern, von vorneherein aus. Aus dem SMART würde somit ein SMAAT – immerhin auch noch ein gut auszusprechendes Akronym.

Natürlich sollten Sie die Latte nicht so hochlegen, dass Sie locker darunter hindurchgehen können. Vielmehr sollte Ihr Ziel so ambitioniert sein, dass Sie sich beim Gedanken daran ein wenig unwohl fühlen, weil es sich außerhalb Ihrer Komfortzone befindet. Ein wenig unwohl fühlen ist in diesem Zusammenhang ein gutes Zeichen.

Ergebnisse als Ziel

Doch noch wichtiger, wenn es um mutige Ziele geht, ist es, Ergebnisse zum Inhalt Ihrer Ziele zu machen. Was meine ich damit? Am besten erkläre ich das anhand von ein paar Beispielen. Lassen Sie uns dabei mit tapferen Zielen beginnen, bevor wir zu mutigen übergehen.

Beispiele für tapfere Ziele für Verkaufsgespräche:

„Mein Ziel ist es, dass ...

- *ich den Kunden heute besser kennenlerne."*
- *ich im heutigen Gespräch mein Angebot präsentiere."*
- *wir heute die Punkte auf der Agenda abarbeiten."*
- *ich den Kunden bitte, mich weiterzuempfehlen."*
- *ich dem Kunden die Vorteile unserer Lösung präsentiere."*
- *ich den Einwand, den der Kunde geäußert hat, beantworte."*

+++++

Corinna erkannte ihre eigenen Gesprächsziele wieder, als sie die Beispiele las. Ja, sie hatte eindeutig tapfere Gesprächsziele und auch schon eine sehr gute Vorstellung davon, wie mutige Ziele aussehen würden.

+++++

Das sind Ziele, die in echten Verkaufsgesprächen häufig verfolgt werden. Diese sind nicht grundsätzlich schlecht. Sie gehen zumindest in die richtige Richtung. Allerdings mangelt es ihnen bei genauerer Betrachtung an einigem, wenn man sie durch den SMAAT-Filter laufen lässt. Sind sie spezifisch und messbar? Teilweise. Attraktiv? Das müssen Sie selbst entscheiden. Ambitioniert? Manche vielleicht, kommt auf die genauen Umstände an. Das „terminiert" also so zu definieren, wann ein Ziel erreicht werden soll, ist generell noch das am einfachsten zu erfüllende Zielkriterium, speziell in Verkaufsgesprächen, wo das Gespräch den zeitlichen Rahmen vorgibt.

Doch abgesehen von unseren SMAAT-Kriterien gibt es noch etwas anderes, das fehlt. Was das ist, wird Ihnen gleich klar werden, wenn wir uns ein paar mutigere, vielleicht sogar richtig mutige Ziele ansehen:

„Mein Ziel ist es, dass ...

- *der Kunde am Ende des heutigen Gespräches das Angebot unterschreibt."*
- *der Arzt mir heute zusagt, dass er weitere 3 Patienten für unser Präparat einstellen wird."*
- *die Kundin heute noch ein Referenzstatement abgibt, das ich uneingeschränkt nutzen darf."*
- *der Abgeber des Hauses einen Gesprächstermin mit mir als Makler vereinbart."*
- *mir der Kunde im heutigen Gespräch alle Fragen auf meiner Liste beantwortet."*
- *ich heute noch 5 neue Termine mit potenziellen Kunden vereinbare."*

So oder so ähnlich können typische ergebnisorientierte Ziele im Verkauf klingen. Was fällt bei den vorherigen Beispielen im Vergleich zu diesen hier auf? Wo sind die Unterschiede? Aus meiner Sicht sind es vor allem drei wesentliche Unterschiede, die ergebnisorientierte Ziele kennzeichnen:

Es geht darum, ein konkretes Ergebnis zu erreichen, anstatt nur etwas zu tun.

- ein Angebot präsentieren = etwas tun
- einen Auftrag erhalten = etwas erreichen
- Nicht zwingend, aber doch auffallend oft spielt der Kunde in der Zielformulierung eine wesentliche Rolle.

Man könnte sagen, dass es bei den weniger mutigen Zielen vor allem um den Verkäufer und das, was er vorhat, geht. Bei den Mutigen hingegen geht es um den Kunden und darum, was dieser machen soll. Über Zweiteres habe ich als Verkäufer zwar einen gewissen Einfluss, aber natürlich weniger Kontrolle.

Warum ist es wichtig, dass Sie sich mutige Ziele setzen? In diesem Kapitel geht es darum, wie Sie mehr Mut schöpfen können, um dann mutiger im Verkaufsgespräch zu sein. Da ist es nun einmal der erste Schritt, mutige Ziele zu formulieren. Damit geben Sie sich ein Signal und sagen zu sich selbst „Ich bin mutig“! Man könnte es also auch als eine Art positive Suggestion bezeichnen.

Der zweite, mindestens ebenso wichtige Aspekt dabei ist, dass Sie damit eine Serie von Maßnahmen in Gang setzen, die Sie letztlich dazu bringen, mutig zu verkaufen. Warum? Um mutige Ziele auch erreichen zu können, braucht es mutige nächste Schritte, mutigere Maßnahmen. Wenn Sie etwa erreichen wollen, dass der Kunde am Ende des Verkaufsgespräches „Ja“ sagt und Ihr Angebot annimmt, dann erfordert das vielleicht auch, dass Sie ihn genau danach fragen oder ihn dazu auffordern. Das ist etwas, das sich für viele Verkäufer weit außerhalb der Komfortzone befindet (dazu mehr weiter hinten im Buch). Ganz nach dem Motto: „Wer A sagt, muss auch B sagen“, setzen Sie sich mit mutigen Zielen ein wenig selbst den Zugzwang auch mutige Maßnahmen folgen zu lassen.

+++++

Das, was der Autor über mutige Ziele schrieb, ergab Sinn, doch allein bei dem Gedanken daran, sich solche Ziele für ein Kundengespräch tatsächlich vorzunehmen, bekam Corinna ein Kribbeln im Bauch, das interessanterweise beängstigend und anregend gleichzeitig war. Aber es gab ja auch noch weitere Tipps für mehr Mut. Vielleicht würden ihr diese ja helfen, ein wenig Mut aufzubauen, um sich dann wirklich mutige Ziele setzen zu können.

+++++

Gute Vorbereitung

Wie ich bereits habe anklingen lassen, gibt es wenig, vielleicht gar nichts, was den Mut so stärkt wie gute Vorbereitung – in Verkaufsgesprächen, aber auch in vielen anderen Bereichen des Lebens. Gute Vorbereitung erhöht die Selbstsicherheit deutlich und mit mehr Selbstsicherheit ist es sehr viel einfacher, mutige Schritte im Verkauf zu setzen.

Nun ist es so, dass die Vorbereitung auf Verkaufsgespräche ein sehr wichtiges, aber potenziell auch sehr umfangreiches Thema ist. Ich habe kürzlich erst wieder ein Unternehmen bei der Vorbereitung auf Jahresgespräche und Vertragsverhandlungen mit Großkunden begleitet. Da wurde aus der Vorbereitung auf diese Gespräche, bei denen es jeweils um mehrere Millionen Umsatz pro Jahr ging, ein eigenes, recht umfangreiches Projekt gemacht. Im Rahmen dieses Projektes wurden alle Gespräche vorab möglichst realitätsnah simuliert und das mehrfach, um die Gesprächsführung und damit auch die potenziellen Ergebnisse zu optimieren.

Sie sehen also, wie weit professionelle Vorbereitung auf Verkaufsgespräche gehen kann, aber natürlich nicht immer muss. Um den Rahmen dieses Buches nicht zu sprengen und vor allem auch, um das Thema nicht zu verfehlen, habe ich davon abgesehen, an dieser Stelle einen längeren Teil über Gesprächsvorbereitung zu schreiben.

Damit ich Ihnen aber dennoch wertvolle Unterstützung dazu geben kann, wenn Sie diese haben möchten, habe ich eine umfangreiche Vorbereitungscheckliste erstellt, die Sie im Ressourcenbereich zu diesem Buch downloaden können.

Dennoch möchte ich anhand von ein oder zwei Beispielen illustrieren, was gute Vorbereitung für Ihren Mut in Verkaufsgesprächen tun kann. In Gesprächen mit Kunden gibt es naturgemäß einfache Phasen und Situationen, denen selbst unerfahrene und vielleicht noch wenig mutige Verkäufer entspannt entgegensehen. Der Small Talk zu Beginn einer Begegnung könnte so eine Phase sein, oder aber auch die Bedarfsanalyse, das Ergründen von Kundenbedürfnissen (obwohl, da wird es für manche schon schwieriger). Das bedeutet allerdings nicht, dass es in diesen Phasen nicht auch exzellente Möglichkeiten gäbe, Ihr Verkaufsgespräch mit mutigeren Vorgehensweisen auf ein ganz anderes Niveau zu heben.

Andererseits gibt es auch Gesprächsphasen und -elemente, die von Haus aus mit mehr Stress behaftet sind – die Einwandbehandlung etwa, speziell, wenn es um Preiseinwände geht oder auch der Gesprächsabschluss. Daher trägt gute Vorbereitung gerade in solchen Phasen dazu bei, den Stress zu reduzieren. Mit exzellenter Vorbereitung können Sie einen Schritt weitergehen und nicht nur tapfere Verhaltensweisen an den Tag legen, sondern auch mutige Schritte setzen (welche das konkret sind, erfahren Sie noch).

Lassen Sie uns bei dem Thema Kundeneinwände bleiben, eines, das fast alle Verkäufer in der einen oder anderen Form betrifft. Ich vermute auch Ihre Kunden äußern ab und an Einwände. Wenn Sie schon länger als ein paar Tage im Verkauf sind und zehn oder mehr Kundengespräche geführt haben, dann ist es vermutlich so, dass Sie kaum noch neue, ganz andere Einwände zu hören bekommen. Ich habe bereits in sehr vielen, sehr unterschiedlichen Branchen mit einer Unzahl von Verkäufern gearbeitet und immer wieder festgestellt, dass es immer fünf bis zehn Einwände gibt, die Kunden häufig vorbringen.

Erfahrene Verkäufer hören kaum einen neuen Einwand aus dem Mund eines Kunden.

So gesehen wundert es mich immer wieder, wie unprofessionell viele Verkäufer reagieren, wenn Sie mit einem Einwand konfrontiert sind. Da wird gestottert, nervös herumgerutscht und weggeschaut. Es wird gegenargumentiert, was das Zeug hält, was die Sache definitiv nicht besser macht. Es werden wenig überzeugende Argumente hervorgebracht. Ganz so, als ob der Verkäufer den Einwand zum ersten Mal hören würde. Dass viele Verkäufer vor solchen Situationen Angst haben und an mutigere Vorgehensweisen nicht im Traum denken könnten, ist verständlich.

Dabei ist es einfach nur eine Frage der Vorbereitung. Wenn man weiß, welche Einwände kommen können, kann man sich auf jeden Einzelnen vorbereiten. Wenn Sie zudem wissen, wie Sie reagieren werden, wenn Ihr Kunde den Einwand X bringt und wie, wenn er Sie mit Einwand Y konfrontiert, dann reduziert das die Unsicherheit enorm. Das ist eine ergiebige Quelle, aus der Sie Mut schöpfen können. Genug Mut, um nicht nur mit den Einwänden professionell umgehen zu können, sondern in einem nächsten Schritt auch genug Mut, um mutigere Strategien einzusetzen und andere Wege zu beschreiten.

Obwohl das sehr überzeugend klingt (so hoffe ich zumindest) und auch sehr einfach umzusetzen zu sein scheint, kommt die Vorbereitung in vielen Verkaufsgesprächen nicht nur zu kurz, sondern ist oftmals gar nicht vorhanden. Vor allem dort, wo man meint, man habe bereits ausreichend Erfahrung, wird nur allzu gerne auf die Vorbereitung verzichtet – zumal Zeit für fast alle von uns ein sehr knappes Gut ist.

„Dilettanten glauben, gut genug zu sein, auf Vorbereitung verzichten zu können. Profis wissen, dass sie es nicht sind."

Wirkliche Profis in allen beruflichen Bereichen wissen um den Wert und die absolute Notwendigkeit von guter Vorbereitung. Gerade wenn man viel Erfahrung in einem Bereich hat, ist die Gefahr, etwas zu vergessen, zu übersehen oder schlampig zu werden, hoch.

Deshalb schätze ich es zum Beispiel sehr, wenn ich ein Flugzeug besteige und weiß, der Kapitän mit zwanzig Jahren Berufserfahrung geht mit seinem Co-Piloten die Checkliste durch, bevor er startet. Die Idee, er bräuchte das nicht, weil er ohnehin ausreichend Erfahrung habe, käme uns lächerlich und gefährlich vor. Im Verkauf ist dem leider nicht so, und das, obwohl selbst fünf Minuten Vorbereitung auf ein einfaches Verkaufsgespräch den Unterschied zwischen einem Auftrag und vergeudeter Zeit bedeuten können. Dabei will ich gar nicht von den vielfältigen Vorteilen guter Vorbereitung auf ein Verkaufsgespräch sprechen. In diesem Buch und an dieser Stelle geht es mir ausschließlich darum, Vorbereitung als Mittel einzusetzen, um mutiger verkaufen zu können.

Also, um es nochmals auf den Punkt zu bringen: Professionelle Vorbereitung reduziert Unsicherheit und erhöht Ihr Selbstbewusstsein und Ihren Mut in Verkaufsgesprächen und ganz nebenbei werden Ihre Ergebnisse dadurch sehr viel besser.

+++++

Die Idee mit der besseren Vorbereitung hatte etwas. Sie war Corinna aus zweierlei Gründen sympathisch. Erstens brauchte es dafür nicht so viel Mut wie für das Setzen mutiger Ziele – gar keinen, um genau zu sein – und zweitens war sie überzeugt, dass das tatsächlich etwas bringen würde. Das wollte sie umsetzen. Damit sie sich daran erinnerte, markierte sie die Buchseite mit einem der schmalen selbstklebenden Streifen, die sie immer zur Hand hatte, wenn sie ein Fachbuch las. Mit einem fetten grünen Leuchtstift hob sie auch noch ein paar Zeilen hervor, die ihr besonders wichtig erschienen und blätterte kurz zurück, um das auch noch beim Thema Ziele nachzuholen.

Tun statt nur denken

Wenn Sie jetzt vielleicht dachten, es sei damit getan, sich gedanklich auf ein Kundengespräch einzustellen und etwa die Argumente und Reaktionen auf Einwände vorzubereiten, dann muss ich Sie enttäuschen. Das ist zwar eine sehr gute und wichtige Basis, doch reicht sie nicht, wenn es darum geht, diese Verhaltensweisen auch umzusetzen. Die Gewissheit, dass Sie die geplanten Strategien in einem echten Kundengespräch auch umsetzen können, macht Sie mutiger.

Wenn es um Verhalten geht, dann müssen Sie einen Schritt weitergehen und das, was Sie sich überlegt haben, auch üben. Nicht einmal oder zweimal, sondern so oft, bis es Ihnen in Fleisch und Blut übergegangen ist, bis Sie gewisse Verhaltensweisen automatisiert haben. Das schaffen Sie dadurch, dass Sie die Gesprächssequenzen, um die es geht – alleine oder noch besser mit einem Partner – immer und immer wieder durchspielen. Je weiter sich etwas außerhalb Ihrer Komfortzone befindet, umso schwerer wird das Ihnen fallen und umso öfter werden Sie es üben müssen, bis es sitzt.

+++++

Die Verkaufscoaches, die mit ihnen im Rahmen von Seminaren, die das Unternehmen regelmäßig durchführte, Rollenspiele machten und dabei Kundengespräche nachstellten, betonten das auch immer wieder. Nicht, dass das jemand mochte. Es war eines der unbeliebteren Dinge in der Kollegenschaft und auch Corinna hatte ihre Liebe dazu noch nicht entdeckt. Sie verstand zwar den Sinn dahinter, aber kam sich blöd vor. Die Gefahr, sich dabei vor den Kolleginnen und Kollegen und vielleicht sogar vor den Vorgesetzten zu blamieren, war allgegenwärtig. In jedem Satz konnte ein Fettnäpfchen lauern, das nur darauf wartete, dass jemand voll hineintrat. Doch wie sich zeigte, konnte der Autor offenbar Gedanken lesen.

+++++

Ich weiß, man kann sich recht blöd vorkommen, wenn man einen Satz oder eine Aussage immer wieder zum eigenen Spiegelbild sagt oder im Auto vor sich hinspricht. Aber sich blöd vorkommen, ist in diesem Zusammenhang gut, da „sich blöd" vorkommen auch außerhalb der Komfortzone liegt.

„Blamiere dich täglich!“

... ist generell ein sehr hilfreiches Motto, nicht nur, wenn es darum geht, im Verkauf mutiger zu agieren, sondern ganz allgemein, wenn Sie sich persönlich weiterentwickeln wollen. Wie erwähnt, befindet sich fast alles, was uns wirklich weiterbringt, außerhalb der Komfortzone.

+++++

Blamiere dich täglich. Dieser Satz hallte in Corinna nach und hatte auf seltsame Art und Weise etwas Reizvolles an sich. Sie markierte ihn und nahm sich vor, darüber nachzudenken, wie sie das wohl tun könnte.

Den Mutmuskel trainieren

Bei der Beschäftigung mit dem Thema dieses Buches hat sich die Idee, Mut als eine Art Muskel zu sehen, etabliert. Eine Betrachtungsweise, die für unsere Zwecke sehr sinnvoll und hilfreich ist. Muskeln haben gewisse Eigenschaften, die wir in Sachen Mut auch sehr gut brauchen können:

- Muskeln können wachsen,
- Muskeln können trainiert werden,
- Muskeln machen den Körper attraktiver.

Wenn Mut ein Muskel ist, dann bedeutet das, dass Mut wachsen kann. Man kann mutiger werden. Niemand muss von sich denken oder gar so etwas sagen wie: „Ich bin eben nicht mutig genug". Wer nicht mutig ist, kann über sein bisheriges Selbst hinauswachsen und mutig werden. Das geht, wie bei anderen Muskeln auch, mit dem passenden Training, auf das wir gleich zu sprechen kommen werden.

Ganz nebenbei machen Muskeln, auch der Mutmuskel attraktiver. Mutigere Menschen haben eine stärkere Ausstrahlung und entfalten mehr Anziehungskraft. Insgeheim (oder auch ganz offen ausgesprochen) wünschen wir uns auch so mutig zu sein und bewundern jene mutigen Exemplare der Gattung Mensch in allen Bereichen des Lebens. Selbst bei so einem kleinen (und im Verhältnis zu anderen Bereichen des Lebens), nebensächlichen Bereich wie dem Verkaufen ist das so.

Den Mutmuskel wachsen lassen

Das grundlegende Prinzip des Muskeltrainings gilt auch für den Mutmuskel. Der Muskel muss durch Anstrengung etwas überfordert werden. Diese Überforderungführtdazu,dasserwächst,umsichaufzukünftigeAnforderungen (schließlich könnte sich das ja wiederholen) besser vorzubereiten. Beim Mutmuskel ist das genauso.

Dabei ist das Training des Mutmuskels ein wenig einfacher als zum Beispiel Ihren Bizeps zu trainieren. Diesen müssen Sie gezielt trainieren, mit Übungen, die genau diesen beanspruchen. Beim Laufen etwa, das durchaus anstrengend sein kann, wächst der Bizeps keinen Zentimeter.

Den Mutmuskel können Sie in wirklich allen Lebenslagen und Bereichen trainieren. Jedes Training wirkt auf das Wachstum des Mutmuskels ein. Dabei spreche ich nicht nur von den mentalen Aspekten. Auch körperliche oder andere physische Dinge haben Einfluss auf den Mut. Was meine ich damit?

Physische Mutmacher

Kann es sein, dass Sie sich in einem gut sitzenden Anzug oder Kostüm selbstbewusster und mutiger fühlen als in einer Jogginghose und einem labbrigen T-Shirt? Und wie ist das mit der Oberklasse Limousine im Vergleich zum 10 Jahre alten Kleinwagen? Tut das was für Ihren Mut? – In manchen Situationen im Straßenverkehr muss ich zugeben „leider ja" und zwar so viel, dass aus Mut bei manchen Fahrern Übermut und Dummheit wird. Im Verkauf geht es zum Glück nicht so gefährlich zu.

Ich habe kürzlich von einer Studie gelesen, die gezeigt hat, dass in den oberen Stockwerken von Gebäuden riskantere Entscheidungen getroffen werden als in den unteren. Jetzt ist mutig nicht mit riskant gleichzusetzen, wie vorhin schon erläutert. Dennoch ist es eine spannende Tatsache, wie stark die Auswirkungen von allem, was uns umgibt, auf unseren mentalen Zustand sind:

- Die Orte, an denen wir wohnen.
- Die Kleidung, die wir tragen.
- Die Menschen, mit denen wir uns umgeben.
- Das Auto, das wir fahren.
- Die Gegenstände, die wir besitzen.
- Die Urlaube, die wir machen.

Um nur ein paar der wichtigsten physischen Einflussfaktoren auf den mentalen Zustand zu nennen. Was bedeutet das nun für Sie? Die Antwort ist recht einfach und liegt auf der Hand.

Wenn es Sie selbstbewusster und mutiger macht, eine bestimmte Art von Kleidung zu tragen, dann tragen Sie diese ganz gezielt, wenn Sie diese zusätzliche Portion Mut benötigen. Ich hoffe in Ihrem Sinne, dass es nicht die Jogginghose ist und Sie hochpreisige Dienstleistungen an Banken verkaufen wollen. Dasselbe gilt für Autos, Gegenstände, Ihre Wohnung bzw. Ihr Haus und Ihre Urlaube.

+++++

Das war mal eine Idee! Dafür konnte sie sich ganz leicht erwärmen. Sie kannte das und hatte es – ohne dass sie darüber bewusst nachgedacht hätte – schon oft angewandt. Klamotten zu kaufen, wenn es ihr schlecht ging, war sozusagen eine Standardvorgehensweise und – abgesehen vom Finanziellen – so leicht umzusetzen wie eine Schokoladendiät, um abzunehmen – nur deutlich wirksamer. Das Konzept auch in andere Bereiche auszudehnen und das ganz bewusst und gezielt zu machen und nicht nur aus einer Laune heraus wie bei der Kleidung, schien interessant. Das hatte natürlich auch eine Markierung verdient.

+++++

Einen ganz besonderen Punkt in dieser Liste stellen die Menschen dar, die Ihnen in Sachen Mut guttun. Sie kennen das sicher bzw. erleben es immer wieder, dass Sie nach einem Treffen mit bestimmten Personen nicht nur mehr Energie haben, sondern dass auch Ihre Ziele und Ambitionen gewachsen sind. Vieles, was vorher in weiter Ferne schien, ist danach plötzlich möglich, vielleicht nicht so einfach, aber immerhin denkbar.

Und dann gibt es noch die anderen, die Ihnen die Energie und den Mut, den Sie haben, wegnehmen, ihn aussaugen wie Vampire. Nach einem Treffen mit diesen fühlen Sie sich regelmäßig kraftloser, niedergeschlagener und mutloser als davor. Die Strategie ist daher eine naheliegende: Suchen Sie Kontakt zu der ersten Gruppe und meiden Sie die Zweite. Ich weiß aus eigener Erfahrung, dass das oft nicht ganz einfach ist.

Vor allem die Trennung von Menschen, die Ihnen nicht guttun und Sie oft im wahrsten Sinne des Wortes entmutigen, kann schmerzhaft sein, auch wenn sie ihnen mittelfristig guttut. Oft betrifft das Familienmitglieder oder langjährige Freundschaften. Doch Menschen entwickeln sich und das manchmal eben in unterschiedliche Richtungen.

Mehr zu diesem Thema finden Sie im Ressourcenbereich zum Buch (https://www.romankmenta.com/ressourcen-mutig-verkaufen/).

+++++

Auch das kannte sie nur zu gut. Sich von den Energieräubern, die versuchten, einem Ideen und Pläne auszureden und dabei vorgaben, nur „das Beste zu wollen" zu trennen, war oft gar nicht so einfach, wie Corinna aus eigener Erfahrung wusste. Manchmal war es fast unmöglich.

Gleichzeitig gab es die Menschen, die sie motivierten und bei denen sie nach einem Kontakt deutlich mehr Energie hatte, voller Ideen war und positiv in die Zukunft blickte, auch nicht an jeder Straßenecke. Das erinnerte sie daran, dass sie sich in den letzten Monaten immer wieder vorgenommen hatte, an ihrem Freundeskreis in dieser Richtung zu arbeiten.

+++++

Mutmachend handeln

Mindesten ebenso wichtig, um Ihren Mutmuskel für den Verkauf zu trainieren, sind mutmachende Handlungen. Wie beim Muskeltraining beginnen Sie dabei, mentale Gewichte zu stemmen, zuerst leichte und dann immer schwerere. Diese mentalen Gewichte sind Handlungen, die Sie setzen und die Sie ein wenig außerhalb Ihrer Komfortzone führen. Hier könnte man natürlich einwerfen, dass man für diese Mut machenden Handlungen ja bereits Mut braucht, um sie auszuführen. Ja, das stimmt.

Allerdings kann ich diese so dosieren, dass man anfangs mit ganz wenig Mut auskommt und sich dann in kleinen Schritten steigern kann.

Das Gute daran ist, wie schon erwähnt, dass Sie dieses Training nicht im Verkauf absolvieren müssen, nicht „am lebenden Kunden" sozusagen. Sie können in allen möglichen anderen Lebensbereichen trainieren, in denen es nicht weiter schlimm oder peinlich ist, wenn etwas misslingt.

Im Folgenden habe ich ein paar Beispiele und Ideen für solche Handlungen, die Sie in Ihren ganz normalen Alltagsabläufen einbauen können. Ich habe mich bemüht, solche zu wählen, die für die meisten Menschen, die ich kenne, passend sind, bei denen die meisten ihre Komfortzone zumindest ein Stück weit verlassen müssen.

Es könnte natürlich sein, dass Sie mutiger oder auch weniger mutig als die meisten sind. Aus diesem Grund finden Sie zwei Level an Übungen – solche für alle und solche für die mutigeren:

Übungen für alle:

- Einen Fremden auf der Straße nach dem Weg fragen
- Etwas Essen, das Sie noch nie gegessen haben
- Vor Freunden ein Gedicht vortragen
- Vor/ mit Freunden (oder zumindest einer Person) singen
- Zu zweit nachts im Wald ohne Licht spazieren gehen
- Nachts im See ohne Licht schwimmen gehen
- Vom 3-Meter-Brett ins Wasser springen

Übungen für die Mutigeren:

- Einem Fremden auf der Straße oder in einem öffentlichen Bereich ein Kompliment machen
- Etwas essen, das Sie noch nie gegessen haben und das Sie eigentlich auch nicht essen wollen (für viele sind das z.B. Schnecken, Maden etc. – gut zubereitet versteht sich)
- Eine anonyme Umfrage unter Freunden und Bekannten dazu machen, wie Sie von Ihnen gesehen werden (am besten in Form eines definierten Fragebogens – ein kostenloses Tool dazu ist z.B. www.surveymonkey.com)
- Vor einer größeren Gruppe singen
- In einem Theaterstück auftreten
- Allein nachts im Wald ohne Licht spazieren gehen
- Nachts ohne Licht im Meer schwimmen
- Vom 10-Meter-Brett ins Wasser springen
- Bungeejumping machen
- Einen Tandemsprung mit dem Fallschirm machen
- Mit einem Profirennfahrer als Beifahrer eine Runde auf der Rennstrecke drehen

Das sind nur ein paar wenige Beispiele und Ideen. Manche davon werde ich aus Ihrer Sicht vermutlich in die falsche Kategorie eingeordnet haben. Vielleicht singen Sie bereits öfter und gerne vor größeren Gruppen, aber nachts in einen See zu steigen, ist für Sie gar nicht vorstellbar. Ich denke aber, Sie haben aufgrund dieser Beispiele verstanden, was damit gemeint ist und können sich selbst ganz einfach wahrscheinlich noch viel passendere Übungen ausdenken.

Am besten machen Sie sich eine längere Liste von Mutübungen, die Sie dann abarbeiten. Jeden Tag eine. Wenn Sie am Ende angelangt sind, dann können Sie wieder von vorne beginnen. Sie werden bei der einen oder anderen Übung vermutlich feststellen, dass diese Ihnen schon leichter fällt als beim ersten Mal. Ihr Mutmuskel ist bereits gewachsen.

+++++

Da war sie wieder, die Idee, sich täglich zu blamieren. Corinna wusste aus Erfahrung, dass so etwas nur dann umsetzbar sein würde, wenn sie sich einen ganz konkreten Plan machen und diesen dann, wie andere To-do's auf ihrer Liste auch abarbeiten würde. Noch besser würde es klappen, wenn man es nicht alleine machte, sondern mit einem Partner. Sie wusste auch schon mit wem. Schließlich war es Eva gewesen, die ihr dieses Buch geschenkt hatte. Warum also nicht sie dafür gewinnen?

Sie beschloss gleich Nägel mit Köpfen zu machen und bestellte das Mut-Mach-Buch, das weiter vorne im Buch erwähnt worden war. Ein Trainingsprogramm für den Mutmuskel. Das hörte sich spannend an. Dann fügte sie der Bestellung noch ein zweites Exemplar hinzu, das sie Eva schicken würde.

+++++

Emotionen wecken mit Musik

Ein enorm wirkungsvoller Mutmacher sind Emotionen. Diese können Sie gezielt hervorrufen und kaum etwas kann das besser und ist dabei ganz einfach zu handhaben wie Musik. Ich bin sicher, dass Sie das kennen und selbst schon viele Male erlebt haben. Sie hören ein Lied, ein ganz bestimmtes Lied und nahezu schlagartig verändert sich Ihr Gefühlszustand.

Musik, die richtige Musik, kann das. Sie verändert uns allein dadurch, dass wir ihr zuhören. Sie kann uns zum Weinen und zum Lachen bringen, kann uns traurig, glücklich oder eben auch mutig machen. Mit der richtigen Musik können Sie binnen weniger Minuten Ihren emotionalen Zustand dramatisch verändern und sich – ganz gezielt – die Portion Mut holen, die Sie brauchen, um in einem bevorstehenden Verkaufsgespräch die Komfortzone zu verlassen und neue Wege zu beschreiten. Man könnte sagen, die passende Musik ist eine Mutmachdroge erster Ordnung, ganz ohne Nebenwirkungen.

Welche Musik also hat die Auswirkungen auf Ihren Gefühlszustand, die Sie brauchen, um mutig zu verkaufen? Welches Lied macht Sie mutiger, selbstbewusster, stärker und widerstandsfähiger? Wählen Sie zwei oder drei solcher Lieder aus – Sie brauchen nicht viele davon – und laden Sie diese auf Ihr Smartphone. Damit haben Sie Ihre Extraportion Mut immer griffbereit und brauchen Ihre Dosis nur noch zu schlucken, wann immer Sie diese benötigen – naturgemäß natürlich vor einem Kundengespräch.

Dabei werden Sie wahrscheinlich feststellen, dass die Lautstärke, mit der Sie die Musik konsumieren, auch einen Unterschied macht. Lauter macht in vielen Fällen auch mutiger. Ohrhörer oder Kopfhörer griffbereit zu haben, kann daher sehr hilfreich sein, um das Umfeld nicht zu irritieren.

+++++

Schon wieder etwas, das ihr sinnvoll und auch einfach umsetzbar vorkam. Sie markierte den Tipp mit der Musik und hatte das Gefühl, dass sie noch gar nicht so viel von dem Buch gelesen, aber bereits recht viel markiert hatte. Das war einerseits ja gut. Sie mochte Fachbücher mit viel Inhalt und konkreten, praktisch umsetzbaren Tipps auf nicht allzu vielen Seiten. Andererseits hatte sie die Befürchtung, dass es bei vielen der Markierungen auch bei den Markierungen bleiben würde. Sie wollte gleich etwas umsetzen und das mit der Musik bot sich an.

Sie öffnete die App des Musik-Streamingdienstes auf ihrem Smartphone und legte eine Liste an. „Mutmacher" fand sie, war ein passender Titel. Was Musik anging, war sie etwas Retro. Die 70er und 80er Hits hatten es ihr angetan. Wenn sie dazu tanzte, spürte sie förmlich, wie die Musik ihre Emotionen beeinflusste. „I will survive" von Gloria Gaynor würde gut in diese Liste passen und auch „Born to be alive". Nach kurzem Nachdenken fügte sie dann noch zwei weitere Nummern hinzu. Das sollte fürs Erste reichen. Sie freute sich schon darauf, sich ihre Mutmacher auf dem Weg zum nächsten Kundengespräch bei voller Lautstärke anzuhören.

ROUTINE ALS HÜRDE IM MUTIGEN VERKAUF

Routinen sind eines der hilfreichsten Dinge, wenn es darum geht, alles Mögliche im Berufs- oder Privatleben umzusetzen. Wenn es nicht zur täglichen Morgenroutine gehören würde, würden die meisten Menschen nicht annähernd so regelmäßig Zähne putzen (wenngleich die Statistiken sagen, dass das bei vielen erschreckenderweise gar nicht so regelmäßig ist, wie Sie es wahrscheinlich von sich selbst kennen). Auch die Vorbereitung und Einnahme des Frühstücks, der für viele tägliche Weg zur Arbeit durch den dichten Straßenverkehr, die Interaktion und Kommunikation mit Familie, Freunden und Kollegen und die abendliche Freizeit sind extrem stark von Routinen geprägt. Das Allermeiste davon spielt sich in der Komfortzone ab und diese wird von Routinen dominiert.

So hilfreich diese Routinen sind, wenn es darum geht, unser Denken und Verhalten zu ändern und gewisse Dinge – zum Beispiel im Verkauf – anders zu machen, sind sie auch hinderlich. Sie halten uns in den Verhaltensmustern fest, die wir schon Hunderte oder Tausende Male ausgeführt haben. Es ist wie bei einer Schallplatte, die immer in Ihrer Rille läuft. Das funktioniert zwar gut, wenn Sie genau dieses eine Lied hören wollen. Ein anderes Lied wird die Platte nicht zum Besten geben, da diese Rille nur dieses eine zu bieten hat.

Das bedeutet für Sie, wenn Sie Ihr Verhalten im Verkauf verändern und mutiger werden wollen, dann müssen Sie eine neue Rille kratzen, und zwar von Beginn an. Bei den ersten Malen wird das schwierig sein und Sie werden immer wieder in die alte Rille zurückfallen. Doch mit jedem Mal, wo Sie zumindest ein Stück weit in der neuen Rille laufen, wird diese Rille tiefer und damit leichter abzuspielen. Irgendwann – nach ausreichend vielen Wiederholungen – wird die neue Rille jene sein, in der Ihr Lied im Kundengespräch ganz automatisch abgespielt wird.

Um Veränderungen in Ihrer Gesprächsführung umzusetzen und mehr Mut in Ihren Verkauf zu bringen, unterbrechen Sie daher Ihre Muster. Am besten von Beginn an und in allen Bereichen. Das tun Sie, indem Sie all die Tipps und Strategien, die wir auf den letzten paar Seiten besprochen haben, in Ihren Verkaufsalltag einfließen lassen. Ein paar Beispiele dazu:

- Kleiden Sie sich – wie weiter vorne beschreiben – anders
- Bereiten Sie sich anders vor

- Wiederholen Sie auf Ihrem Weg zum Kunden gewisse wichtige oder heikle Passagen, die in Ihrem Gespräch sein könnten
- Nehmen Sie einen anderen Weg zum Kunden
- Hören Sie Ihre „Mutmach-Musik" in voller Lautstärke

Damit signalisieren Sie Ihrem Unterbewusstsein – und dieses hat ein sehr gewichtiges Wörtchen mitzureden, wenn es um Ihr Denken und Ihr Verhalten geht – dass sich etwas geändert hat. Sie selbst sind eine andere, neue, mutigere Verkäuferin bzw. ein mutigerer Verkäufer geworden. Letztlich ist es genau dieses Selbstbild, das es durch all diese Maßnahmen zu verändern gilt. Wenn Sie sich selbst für einen mutigeren Menschen halten, sind Sie auch ein mutigerer Mensch.

Am besten funktioniert die Umsetzung, wenn Sie für diese Tätigkeiten neue Routinen anlegen. Wie Sie neue Routinen installieren, finden Sie dazu im Ressourcenbereich noch detaillierte Informationen.

Alles, was dann folgt – ab dem eigentlichen Gesprächsbeginn – wird uns für den Rest dieses Buches beschäftigen. Sind Sie bereit dafür?

+++++

Das Telefon läutete und Corinna sah auf die Uhr. „Bereits sechs. Was esse ich heute wohl zu Abend?", dachte sie, während sie abhob. Die Frage sollte sich gleich von selbst beantworten. Es stellte sich heraus, dass es Marc war. Sie hatte ihn auf einem dreitägigen Diabetes Kongress im letzten Jahr kennengelernt. Er war auch im Außendienst und verkaufte innovative Blutzuckermessgeräte, bei denen ein kleiner Sensor unter die Haut implantiert wird und die aktuellen Werte jederzeit am Smartphone auf der dazugehörigen App abgerufen werden können.

Das ersparte dem Patienten das ständige lästige Stechen in den Finger. Die Technologie war patentiert und die Mitbewerber weit abgeschlagen, hatte er ihr erzählt. Das Geschäft würde aktuell förmlich explodieren. Corinna war sofort etwas neidisch geworden. So etwas müsste man haben, anstatt sich mit zig Konkurrenten, die Ähnliches boten, herumschlagen zu müssen.

Sie hatten sich im Rahmen des Kongresses immer wieder getroffen und irgendwann auch Visitenkarten getauscht, beruflich, aber sie hatte sich schon gefragt, ob da nicht mehr dahintersteckte.

Doch damals wohnte sie noch bei ihrem jetzigen Ex-Freund, eine Information, die in den Gesprächen mit Marc ausgetauscht worden war. Außer ein paar Kontakten auf Social Media hatten sie seither nichts miteinander zu tun gehabt.

„Hallo Corinna, schön dich zu hören. Wie geht es dir?"

„Danke, gut", log sie, denn um ihm gleich ihr ganzes Leid zu klagen, kannten sie sich bei Weitem nicht gut genug. „Und dir?"

„Bestens. Ich kann mich nicht beklagen", fügte er hinzu. „Ich weiß zwar nicht, wo mir der Kopf steht, weil so viel zu tun ist, aber sonst alles im grünen Bereich."

„Das freut mich zu hören", log sie abermals und hasste sich selbst ein wenig dafür – nicht für die Lüge, sondern dafür, dass der Neid auf sein offenbar gut funktionierendes Geschäft gleich wieder hochkam.

„Sag mal, wir haben uns letztes Jahr auf dem Kongress ja so gut unterhalten und da habe ich mich gefragt, ob wir diesen Austausch nicht fortsetzen sollten."

„Das können wir gerne machen." Sie fragte sich, ob das auf ein berufliches Treffen oder ein Date hinauslief und gestand sich selbst ein, dass sie für beides offen wäre. Ob sie Marc als wirklich gut aussehend bezeichnen würde, wusste sie nicht, aber er war definitiv interessant und hatte es auf dem Kongress schon geschafft, sie immer wieder zum Lachen zu bringen. „Und wann?"

„Wie wäre es mit heute Abend?"

„Wie heute Abend? Soweit ich mich erinnere, wohnst du doch gut zwei Stunden von mir entfernt."

„Ja, das stimmt, aber ich habe ein neues Verkaufsgebiet erhalten und da liegst du mittendrin."

„Ah verstehe. Und was willst du mir verkaufen?", fügte sie mit einem Schmunzeln hinzu, das man hören konnte.

„Kommt darauf an, was du brauchst. Ich habe vieles zu bieten." Er retournierte den Ball perfekt, den sie ihm zugespielt hatte.

„Na gut, zufällig bin ich hungrig. Wenn du also auch etwas zu Essen im Angebot hast, dann könnte mich das durchaus interessieren."

„Sogar etwas Gutes, wenn du die indische Küche magst."

„Sehr sogar." Das war nicht gelogen.

„19:30 Uhr passt das?"

„Kriege ich hin. Wo?"

„Ich könnte dich abholen, wenn du magst."

Das ging ihr dann doch ein wenig zu schnell. „Die Frau von heute ist mobil. Treffen wir uns dort."

„Auch gut. Ich schicke dir die Adresse gleich per SMS durch. Bis gleich dann. Ich freue mich."

„Bis später." Sie freute sich auch, doch wollte ihm nicht zu viele Bälle zuspielen. Sie fragte sich, was aus dem Abend wohl werden sollte, beschloss dann aber nicht darüber nachzudenken, sondern einfach zu sehen, wie er sich entwickeln würde.

+++++

Der Abend war nett gewesen, sehr nett sogar. Sie hatten hervorragend gegessen und sich ausgezeichnet unterhalten. Zuerst waren die Themen noch sehr beruflich gewesen, aber im weiteren Verlauf wurden sie dann immer persönlicher.

Sie hatte ihm davon erzählt, dass es ihr beruflich aktuell gar nicht gut ging und war froh, mit jemandem vom Fach, aber außerhalb der Firma darüber sprechen zu können.

„Übrigens lese ich gerade ein Buch, das mir eine Freundin geschenkt hat. ‚Wer wagt, gewinnt' heißt es."

„Das kenne ich. Habe ich auch schon mindestens dreimal gelesen", antwortete Marc zu ihrem Erstaunen. Sie hatte nicht erwartet, dass er es kannte.

„Dann gefällt es dir offenbar. Ich habe heute gerade erst begonnen damit, aber es hat mich irgendwie gepackt."

„Das kann ich gut verstehen. Ist ein wirklich gutes Konzept, vor allem in Märkten wie deinem, wo der Wettbewerb so dicht gedrängt ist. Bei uns bekommt das jeder neue Verkaufsmitarbeiter zum Einstieg mit der Aufgabe, es innerhalb der ersten Woche zu lesen. Innerhalb der ersten paar Wochen kann er dann das Seminar zum Buch besuchen. Wir haben unseren ganzen Vertrieb auf das ‚mutig verkaufen' Konzept ausgerichtet."

„Was, du kennst den Autor?"

„Ja klar. Ich habe schon mehrere Seminare bei ihm besucht. Erst kürzlich hat er einen Vortrag bei unserem Kick-off für ein neues Produkt gehalten. Netter Typ."

„Hey cool, witziger Zufall."

„Und dir gefällt es, sagst du?"

„Ja, wie gesagt, bin ich noch nicht sehr weit gekommen, habe aber schon vieles markiert. Da sind eine Menge guter Tipps drin."

„Die Tipps sind eine Sache, was mir aber am meisten gebracht hat, ist der Grundgedanke, die Komfortzone zu verlassen. Die Idee ist zwar simpel, nahezu banal, aber unglaublich wirksam, wenn du sie wirklich anwendest. Sonst würde ich auch nicht hier sitzen."

„Wieso das?"

„Na ja, offen gesagt war es schon deutlich außerhalb meiner Komfortzone, dich so aus dem heiteren Himmel anzurufen und vorzuschlagen, dass wir uns quasi gleich treffen. Ich wusste ja nicht, ob dein Freund dich nicht eifersüchtig zu Hause festhalten würde", fügte er mit einem Lächeln hinzu und berührte dabei beinahe zufällig ihre Hand.

„Na, das weißt du ja inzwischen. Und ja, das ist mir auch gleich zu Beginn des Buches aufgefallen, dass sich diese Grundidee auf viele Lebensbereiche anwenden lässt. Danke, dass du es gewagt hast, sonst wäre ich vielleicht zu Hause verhungert."

„Macht der auch öffentliche Seminare?“, fragte sie, um ganz bewusst das Thema zu wechseln. Im Moment ging ihr das ein wenig zu schnell.

„Ich weiß es nicht, muss ich gestehen, aber auf seiner Website findest du sicher etwas dazu.“ Marc hatte den Wink verstanden und seine Hand wieder ein paar Zentimeter zurückgezogen. Corinna nahm sich vor, gleich morgen früh nachzusehen, was Roman Kmenta an Seminaren so anbot.

+++++

Es war sieben, als der Wecker läutete und sie aus einem Traum riss, der gerade begonnen hatte, so richtig interessant zu werden. Schade, aber es gab keinen Weg zurück. Es war schon nach zwölf gewesen, als sie sich vor dem Restaurant verabschiedeten. Sie waren die letzten Gäste gewesen und dem Kellner war anzusehen, dass er froh war, als sie gingen. Es war nett gewesen, sehr nett sogar, doch Corinna war froh, selbst gefahren zu sein. Wenn Marc sie nach Hause gebracht hätte, wäre daraus vermutlich eine Situation entstanden, die sie vermeiden wollte, noch zumindest. So war der Abschied herzlich gewesen, Küsschen links, Küsschen rechts und das Versprechen, das demnächst zu wiederholen. Marc wollte sich melden, sobald er wusste, dass er wieder in der Gegend war.

Während sie wie jeden Tag eine große Schale Grüntee und ein Müsli frühstückte, fiel ihr ein, dass sie sich die Website des Autors des Buches, das sie gerade las, ansehen wollte. Bot er öffentliche Seminare an? Gleich auf der Homepage war auf einem großen grünen Button zu lesen „Zum Seminarangebot“. Der Link führte zu einer Unterseite mit allen Terminen für zweitägige Verkaufsseminare in verschiedenen Städten. Wie es der Zufall so wollte, gab es am übernächsten Wochenende, Freitag und Samstag eins nur 150 Kilometer von ihr entfernt. Corinna beschloss beim Gespräch, das sie für Donnerstag mit ihrer Chefin vereinbart hatte, diese zu bitten, ihr eine Teilnahme zu ermöglichen und druckte die Seminarbeschreibung und die Anmeldeunterlagen aus.

+++++

Wie üblich dauerte der Weg zu ihrem ersten Kunden, der natürlich genau am anderen Ende der Stadt wohnte, eine gefühlte Ewigkeit, obwohl es eigentlich nur ein paar wenige Kilometer waren. Doch heute störte sie der Stau weniger als sonst. Sie hatte sich vorgenommen, über das bevorstehende Gespräch nachzudenken und sich für die anstehenden Gespräche wirklich mutige Ziele vorzunehmen.

Währenddessen ließ sie Ihre Liste mit Musik, die sie aufputschte und ihr Mut machte, zwar nicht mit voller Lautstärke laufen, aber doch so laut, dass es die anderen Autofahrer, die neben ihr im Stau standen, unweigerlich hören mussten. Ein paar sahen sie etwas seltsam an und einer deutete ihr an, die Musik leiser zu drehen. Sie lächelte ihn nur an und winkte, wissend, dass er sich deshalb nur umso mehr ärgern würde.

Doch Corinna war viel zu gut aufgelegt, um sich von miesepetrigen Zeitgenossen die Laune verderben zu lassen. Sie merkte, dass die Musik etwas mit ihr tat, etwas, was sich sehr positiv auf ihre Stimmung auswirkte. Sie fühlte sich nicht nur gut gelaunt, sondern auch stärker und selbstbewusster als sie lauthals den Refrain von Gloria Gaynors „I will survive" mitsang.

Der erste Arzt, Dr. Humbold war einer, den sie sehr schätzte und bei dem sie das Gefühl hatte, dass es ihm ebenso ging. Mit seinen über sechzig Jahren blickte er auf eine umfangreiche Erfahrung zurück. Er hatte das neue Präparat bereits bei zwei oder drei Patienten verschrieben, aber jetzt trat er auf der Stelle. Sie erinnerte sich daran, was sie in der Grundausbildung über Zielsetzung gelernt und gestern im Buch nachgelesen hatte. „Mein Ziel ist es, dass Dr. Humbold mir am Ende des Gespräches zusichert, zumindest weitere zwei Patienten in den nächsten zwei Wochen auf mein Präparat einzustellen", formulierte sie schließlich ihr Ziel und sagte es ein paarmal laut vor sich her, bis es sich einigermaßen gut und gewohnt anfühlte. Das würde nicht einfach sein, aber machbar.

Sie fühlte sich auch stark genug, um dieses Ziel dem Arzt gegenüber zu nennen, wie sie es gelernt hatte - auf eine nette Art und Weise fordernd. Bei anderen Ärzten würde sie sich das nicht zutrauen, aber bei diesem könnte es machbar sein. Mal sehen.

Sie betrat die Ordination und hatte das Glück - trotz voller Ordination - sofort vorgelassen zu werden. Sie hatte sich schon auf eine längere Wartezeit eingestellt.

„Hallo Frau Peters", begrüßte er sie mit einem charmanten Lächeln und trat hinter seinem Schreibtisch hervor, als er ihr die Hand entgegenstreckte. „Was führt sie zu mir?"

„Ich muss heute ein ernstes Wort mit Ihnen reden, Herr Doktor", antwortete sie und versuchte dabei ernst zu bleiben.

„Das klingt aber gefährlich", antwortete er, schien aber nicht wirklich nervös zu werden. Er kannte sie lange genug.

„Gefährlich ist es auch", griff sie den Ball auf, „wenn Patienten an Diabetes leiden." Corinna nahm all ihren Mut zusammen. „Und weil ich weiß, wie gefährlich diese Krankheit ist, ist es mir so wichtig, Sie davon zu überzeugen, unser neues Präparat vermehrt einzusetzen. Sie haben ja bereits damit begonnen, was ich toll finde. Mein Ziel für das heutige Gespräch ist es, Sie dazu zu bewegen, mir zu versprechen, dass Sie in den nächsten zwei Wochen zwei weitere Patienten darauf einstellen werden. Ist das in Ordnung für Sie?" Sie sah ihn an und schwieg.

Humbold lächelte. „Na Frau Peters, Sie sind ja heute ganz schön ambitioniert, aber wir wollen mal sehen. Haben Sie denn neue Informationen mitgebracht?"

Corinna atmete erleichtert auf und hoffte, dass man ihr die Erleichterung nicht anmerkte. Das Eis war gebrochen, die Klippe umschifft. Sie hatte tatsächlich dem Arzt gesagt, wozu sie ihn bewegen wollte und er hatte das Gespräch nicht kurzerhand beendet und sie hinauskomplimentiert.

Corinna zeigte dem Arzt die Ergebnisse einer neuen Studie, die sie mitgebracht hatte. Er hörte ihr interessiert zu und stellte ein paar Fragen, was Corinna auf echtes Interesse schließen ließ.

„Und Herr Doktor, was sagen Sie? Konnte ich Sie so weit überzeugen, dass Sie zwei weitere Patienten in den nächsten beiden Wochen auf unser Präparat einstellen?" Motiviert durch den gelungenen Gesprächseinstieg und das Interesse des Arztes, griff Corinna ihr Gesprächsziel wieder auf.

„Warum so bescheiden, Frau Peters? Die Studienergebnisse sind sehr aussagekräftig. Ich werde mehr als diese zwei Patienten auf ihr Präparat umstellen."

Corinna glaubte, sich verhört zu haben. „Mehr? Wie viele denn?"

„Na, so zehn bis fünfzehn werden es schon sein, aber geben Sie mir ein wenig Zeit. Bei Ihrem nächsten Besuch können wir dann darüber sprechen."

Zehn bis fünfzehn? Corinna konnte ihr Glück kaum fassen. „Wann darf ich denn wieder kommen? In vier Wochen? Passt das für Sie?"

„Bis dahin werde ich zwar sicher noch nicht alle gesehen haben, aber ein bisschen werde ich wohl zu berichten haben."

Sie trug sich den Termin in Ihr Smartphone ein, verabschiedete sich und ging, nein schwebte aus der Praxis, nicht ohne vorher noch ein paar Worte mit der Sprechstundenhilfe gewechselt zu haben.

+++++

Die weiteren Termine an diesem Tag waren nicht alle so hervorragend gelaufen. Das hatte sie aber auch nicht erwartet, wenngleich insgeheim ein wenig gehofft schon. Gestärkt durch das großartige Gespräch mit Dr. Humbold, hatte sie ausreichend Mut aufgebracht, um auch bei zwei der anderen Gesprächspartner ihr Gesprächsziel klar zu nennen. Einer hatte es ignoriert und nur mit einem „aha" abgetan, der andere hatte vom Thema abgelenkt, indem er gleich eine Frage zu Nebenwirkungen eines Patienten gestellt hatte, aber das war egal. Wichtig war für Corinna, dass sie Ihre Ziele genannt hatte.

Nur bei Prof. Steiger hatte sie das nicht gewagt. Er war Oberarzt am Klinikum und hatte nebenbei eine Privatpraxis. Zu ihm hatte sie noch nie Zugang gefunden. In seiner Gegenwart fühlte sie sich klein, sehr klein und beschränkte ihre Kommunikation auf das Notwendigste. Üblicherweise hatte er auch keine Zeit und sie war schnell aus der Praxis wieder draußen. Das war ihr auch gar nicht unangenehm. Ganz im Gegenteil. Sie fühlte sich erleichtert.

Marc hatte sie zwischendurch angerufen, um ihr zu sagen, dass er am Freitag wieder in der Gegend wäre. Sie hatten sich ein Date – sie versuchte nicht mehr sich vorzumachen, es könnte auch etwas anderes sein – für Freitag um 19 Uhr vereinbart. Sie hatte zugestimmt, dass er sie abholen würde.

Zufrieden mit Ihrem Tag setzte sich Corinna mit einem Glas Rotwein und dem Buch auf das Sofa und begann weiterzulesen.

DER MUTIGE VERKAUFSPROZESS

Der mutige Verkaufsprozess unterscheidet sich im grundlegenden Ablauf nicht von dem Verkaufsprozess, wie Sie ihn bisher vermutlich kennen. Ein Erstkontakt steht immer noch am Beginn und der Verkaufsabschluss bzw. – noch besser – der Stammkunde, der immer wieder kauft, ist das Endergebnis. Auch das Verkaufsgespräch selbst, um das es ja in diesem Buch geht, unterscheidet sich im Ablauf vermutlich nicht von den Verkaufsgesprächen, die Sie kennen und bisher geführt haben.

Wo liegt der Unterschied dann? Eine berechtigte Frage. Der Unterschied liegt in dem, was Sie in den einzelnen Gesprächsphasen tun und wie Sie sich verhalten. Man könnte sagen, die Unterschiede liegen im Detail. Doch genau diese Details sind es, die am Ende einen riesigen Unterschied im Ergebnis machen.

Doch bevor wir uns genau diesen Details zuwenden, lassen Sie uns kurz einen Blick auf die Struktur und den Ablauf eines Verkaufsgespräches werfen. Diese kann uns dann als roter Faden für den weiteren Verlauf des Buches dienen.

In welcher Branche sind Sie tätig und was verkaufen Sie? Je nachdem wie die Antwort auf diese Frage ausfällt, kann sich der Ablauf eines Verkaufsgespräches bei Ihnen ein wenig anders darstellen. Daher biete ich eine Struktur an, die für die meisten Verkaufssituationen – B2B und B2C – gut passen sollte. Grundsätzlich können wir folgende Situationen unterscheiden:

- Sie haben einen Termin mit dem Kunden vereinbart (klassisch im B2B Geschäft)
- oder auch nicht (im stationären Einzelhandel oder im Telefonverkauf verbreitet).
- Sie treffen sich physisch (bei Ihnen als Verkäufer, beim Kunden oder an einem anderen Ort) oder – neuerdings auch möglich – virtuell in einem online Meetingraum.
- Sie verkaufen an bereits bekannte Kunden/ Stammkunden
- oder auch an ganz neue im Rahmen eines Erstgespräches.

Wie auch immer Ihre Verkaufssituation sein mag, so sollte Sie doch in eine der skizzierten Situationen passen. Im Rahmen dieser Situationen sollten Gespräche im Normalfall in den folgenden Gesprächsphasen ablaufen:

1. Vorbereitung
2. Gesprächseinstieg
3. Bedarfserhebung/ Bedürfnisanalyse
4. Präsentation
5. Einwandbehandlung
    - Inklusive Preisverhandlung (wenn sich diese nicht vermeiden lässt)
6. Verkaufsabschluss

Das bedeutet allerdings nicht, dass alle Verkaufsgespräche so ablaufen. Ich würde sogar meinen, dass das nicht einmal die Mehrzahl tut. Oft wird die Bedarfsanalyse vergessen und Kunden werden ganz rasch mit Aussagen zugetextet, die beweisen sollen, wie toll das Unternehmen, das Produkt oder der Verkäufer sind. Auch am Verkaufsabschluss mangelt es oft völlig. Anstatt das Gespräch professionell abzuschließen und sich idealerweise das finale JA des Kunden zu holen, lassen Verkäufer Kunden nur allzu oft gehen (oder gehen selbst), ohne überhaupt einen Abschlussversuch gewagt zu haben. Gerade hier macht sich ein Mangel an Mut dramatisch bemerkbar.

In den folgenden Phasen des Verkaufsgespräches werden wir uns zuerst jeweils kurz mit der tapferen, der normalen Variante beschäftigen, um uns dann den mutigen bzw. mutigeren zuzuwenden. So wird der Unterschied klarer.

Bewusst und zielorientiert

Dabei sind die eben erwähnten und andere Fehler, die in Verkaufsgesprächen gemacht werden, nicht unbedingt auf einen Mangel an Know-how beim Verkäufer zurückzuführen. So bin ich etwa ziemlich sicher, dass jeder, der sich mit dem Verkauf beschäftigt, schon einmal davon gehört hat, dass es ratsam ist, im Rahmen einer Bedürfnisanalyse herauszufinden, was Kunden wollen. Dennoch findet diese Analyse in sehr vielen Gesprächen nicht oder nur sehr reduziert statt. Die Verkäufer handeln wider besseres Wissen. Sie handeln unbewusst, ohne darüber nachzudenken, was sie tun.

Um bei unserer Metapher mit der Schallplatte zu bleiben, läuft die Spitze des Tonabnehmers ganz automatisch in der alten Rille.

Woran es im Verkauf oft fehlt, ist nicht das Know-how, das Wissen um alle möglichen Techniken und Strategien, die eingesetzt werden könnten und auch sollten, sondern an Bewusstheit in der Gesprächsführung. Es geht darum, zu wissen, was Sie tun. Es geht darum, etwas zu planen, sich vorzunehmen und dann auch ganz bewusst umzusetzen. Fehler werden Sie dennoch machen, versprochen, und nicht alles, was Sie sich vornehmen, werden Sie umsetzen, weil der Tonabnehmer oft schon wieder automatisch in die alte Rille springt. Aber immerhin werden Sie, wenn Sie mehr Bewusstheit über Ihre Handlungen erlangen, zumindest bemerken, was Sie falsch gemacht haben. Dann und nur dann können Sie es (zumindest beim nächsten Gespräch) ändern.

Mutige Verkaufsgespräche haben daher – so könnte man sagen – sehr viel zu tun mit:

- Ein mutiges Ziel außerhalb der Komfortzone zu haben und zu wissen, was Sie erreichen wollen,
- Einen Plan zu haben, wie Sie dieses Ziel erreichen,
- Bewusstheit darüber zu haben, was Sie tun und Ihren Plan Schritt für Schritt umzusetzen.

Verkaufsgesprächen, die nur tapfer sind, mangelt es oft an allen drei Faktoren. Die Unterschiede werden im Folgenden noch klarer, wenn wir uns im Detail mit den einzelnen Phasen beschäftigen.

Mutige Gesprächseinstiege

Lassen Sie uns annehmen, dass ein Verkäufer im B2B-Bereich einen Kunden in dessen Büro aufsucht. Lassen Sie uns weiter annehmen, es sei ein Erstgespräch. Wie steigt so jemand üblicherweise in das Gespräch ein? Wie würden Sie es tun bzw. tun es, wenn Sie selbst typischerweise in derselben Situation sind?

Normalerweise führt man ein wenig Small Talk über das Wetter, das natürlich immer viel zu kalt oder auch viel zu heiß für die Jahreszeit ist, den Verkehr, der immer schlimmer wird oder auch bedenkliche gesellschaftliche oder politische Entwicklungen, mit denen unsere Gehirne ohnehin 24/7 von den Medien malträtiert werden.

Nachdem man den Small Talk hinter sich gebracht hat, fahren viele Verkäufer damit fort, erst einmal das eigene Unternehmen vor- und darzustellen. Manchmal in Form einer Firmenpräsentation, in der auf die langjährige Tradition des Unternehmens hingewiesen und die großartigen Produkte zumindest schon einmal vorangekündigt werden. Es werden Referenzen von zufriedenen Kunden präsentiert und Auszeichnungen für Unternehmen und Produkte. So weit, so gut.

Auf diese Art und Weise sagt der Verkäufer vor allem eines: „Ich beweise Ihnen jetzt, dass ich es wert bin, dass Sie mit mir sprechen." Wahrscheinlich dient es auch dazu, es sich selbst zu beweisen und so sein eigenes Selbstbewusstsein – wenngleich ein wenig spät – aufzupeppen.

In der Tat denke ich, dass diese Art von Firmenpräsentationen sehr hilfreich sein können, um Verkäufer in der Vorbereitung auf ein Gespräch mutiger zu stimmen. Oft werden die Vorteile und Errungenschaften der Mitbewerber im goldstrahlenden Lichterglanz gesehen, währenddessen man am eigenen Angebot oder Unternehmen tendenziell das sieht, was nicht passt oder fehlt. Mit so einer grandiosen Unternehmenspräsentation können Sie das Image Ihres Unternehmens und die Qualität Ihres Angebotes vor sich selbst bzw. Ihren Verkäufern (wenn Sie ein Verkaufsteam haben) verbessern.

Kunden erwarten solche Gesprächseinstiege und langweilen sich dabei schon nach der ersten Minute, wenn nicht schon nach einer halben. Wenn diese nett sind (und vor allem tapfer), dann lassen sie das Ganze über sich ergehen in der Hoffnung, dass der Verkäufer danach zum interessanten Teil kommt.

Wenn Sie auf einen mutigen Kunden treffen, dann wird er Sie unterbrechen und auffordern, doch bitte gleich zum interessanten Teil zu kommen.

Doch wenn nicht so wie dann? Wie können Sie anders, mutiger und für den Kunden auch sehr viel interessanter ins Gespräch einstiegen? Wie können Sie so starten, dass das Interesse des Kunden vom ersten Moment an geweckt ist und sich dieser fragt, wie es wohl weitergeht?

+++++

Corinna nahm einen Schluck Wein und dachte über das Gelesene nach. Mutige Gesprächseinstiege? Sie hatte sich über Ihren Gesprächseinstieg noch nie wirklich groß den Kopf zerbrochen, außer was das Nennen des Gesprächszieles betrifft, womit sie heute ihre Erfahrungen gesammelt hatte. Ansonsten folgte ein Gesprächseinstieg, so wie es der Autor hier beschrieb, ein Muster, das quasi automatisiert ablief. Sie war gespannt, mit welchen alternativen Ideen das Buch wohl aufwarten würde.

+++++

Zwei Phasen im Gesprächseinstieg

Den Gesprächseinstieg könnte man in zwei Phasen unterteilen:

- Das Aufwärmen, das üblicherweise per Small Talk bestritten wird
- Der Wechsel zum eigentlichen Verkaufsgespräch

Das Aufwärmen ist wichtig, um eine Beziehung aufzubauen, denn bessere Beziehungen erhöhen die Wahrscheinlichkeit eines Verkaufsabschlusses, wie Studien zeigen. Für unsere Zwecke ist eine solide Beziehungsebene gleich vom Start an aber noch wichtiger, da wir diese für einen mutigen Gesprächseinstieg als Basis benötigen. Ohne tragfähige Beziehung zu Ihrem Gegenüber kann so mancher mutige Gesprächseinstieg einfach nur unverschämt oder unangebracht wirken.

Wetter, Verkehr oder Politik sind schlechte Themen für gute Beziehungen. Entweder sind sie zu belanglos oder es ist die Gefahr zu groß, dass negative Emotionen entstehen oder – Gott bewahre – sogar gegensätzliche Meinungen auftauchen.

Daher gibt es Regeln, wie Sie den Small Talk angehen können, um rasch einen Draht zu Ihrem Gegenüber zu finden bzw. noch wichtiger dafür zu sorgen, dass er das tut:

- Stellen Sie Fragen und vermeiden Sie Aussagen – so können Sie nicht ins Fettnäpfchen treten.
- Meiden Sie Themen, bei denen Sie nicht absolut sicher sind, dass Sie mit dem Kunden derselben Meinung sind.
- Meiden Sie Themen, die negative Emotionen triggern könnten.
- Überlegen Sie sich Gesprächsthemen, die ein wenig Tiefgang haben (aber auch nicht zu viel davon gleich zu Beginn eines Gespräches).

Welche Themen sind das also, die dazu angetan sind, gleich vom Start weg eine gute Beziehung aufzubauen? Was immer die Antwort auf diese Frage ist, Sie sollten Sie sich stellen, und zwar vor dem Gespräch.

Dass Ihnen in den ersten Sekunden des Verkaufsgespräches nicht nur ein passendes, sondern ein wirklich gutes Gesprächsthema spontan einfällt, ist zwar denkbar, aber eher unwahrscheinlich.

In der zweiten Phase, dem Übergang zum Verkaufsgespräch im eigentlichen Sinn, gibt es zwei Möglichkeiten für einen mutigen Ansatz:

- Sie können sich eine Inszenierung einfallen lassen (dazu bringe ich gleich einige Beispiele) und
- Sie können Ihre Ziele dem Kunden mitteilen.

Die beiden Möglichkeiten schließen sich nicht aus. Ganz im Gegenteil idealerweise verbinden Sie diese beiden in einem mutigen Einstieg. Wenn es sich um ein Gespräch mit einem Stammkunden bzw. jemanden, den Sie bereits gut genug kennen handelt, können Sie auch direkt mit der Inszenierung beginnen.

Der inszenierte Gesprächseinstieg

Ihre Ziele dem Kunden nennen ist etwas, das Sie in jedem Fall tun können. Was das bedeutet, welche Vorteile es hat und wie Sie das tun, erkläre ich gleich. Doch davor können Sie sich noch etwas einfallen lassen, um Ihr Gespräch mit einem großen „Tadaa!" zu starten. Am besten erkläre ich anhand eines Beispiels, was ich meine.

Pharmareferenten (Außendienstverkäufer von Pharmaherstellern) besuchen Ärzte immer wieder – über Monate und sogar Jahre hinweg – mit denselben Präparaten. Ein Außendienstmitarbeiter besucht oft 10 und manchmal auch mehr Ärzte pro Tag.

Ein Arzt empfängt auch oft mehrere Pharmareferenten pro Tag. Eine Verkaufssituation, die sich angesichts der immer voller werdenden Praxen oft als sehr schwierig gestaltet. Daher sind die Verkaufsgespräche, bei denen es darum geht, den Arzt davon zu überzeugen, das Präparat der eigenen Firma (meist anstelle des Präparates des Mitbewerbs) zu verschreiben, meist auch nur ein paar wenige Minuten lang. Am Ende weiß der Verkäufer nicht einmal wirklich sicher, ob der Arzt gekauft hat, sprich auch wirklich verschreiben wird oder ihm nur Hoffnung gemacht hat, um ihn rasch loszuwerden. Alles in allem eine sehr spezielle Verkaufssituation.

Gerade in solchen Situationen macht der „mutig Verkaufen"-Ansatz besonders viel Sinn, weil Sie sich damit von den vielen Mitbewerbern, die Ihr Kunde tagtäglich empfängt, deutlich unterschieden und so in Erinnerung bleiben können.

Ein üblicher, bestenfalls tapferer Gesprächseinstieg würde vermutlich lauten: „Guten Tag Herr Doktor, hier bin ich wieder einmal, Franz Mustermann von der Firma XYZ. Sie wissen ja, so hoffe ich, es geht um unser Präparat ABC. Konnten Sie damit bereits Erfahrungen sammeln?"

Ein mutiger, inszenierter Gesprächseinstieg könnte zum Beispiel folgender sein: „Guten Tag Herr Doktor, Franz Mustermann, XYZ (wenn es erst der 2. oder 3. Besuch ist, danach sollte sich der Arzt hoffentlich an den Verkäufer erinnern). Eigentlich wollte ich heute mit Ihnen diese Studie hier zu unserem Präparat besprechen (hält ein paar Blätter in der Hand). Aber während ich draußen gewartet habe und dabei zufällig ein Gespräch von zwei Patienten mitgehört habe, habe ich beschlossen, das nicht zu tun. (Verkäufer zerreißt Studie dramatisch und wirft die Reste in den Papierkorb).

Denn eigentlich geht es ja nicht um irgendwelche Zahlen von irgendwelchen Studien, sondern um die Menschen, Ihre Patienten, die da im Warteraum sitzen und hoffen, dass es Ihnen bald besser geht. Über die möchte ich heute mit Ihnen sprechen. Ist das in Ordnung für Sie?"

+++++

Corinna hielt kurz inne. Sie war fasziniert von der Idee. Aber würde Sie sich das trauen, so in ein Gespräch bei einem Ihrer Ärzte einzusteigen? Sicher nicht bei jedem. Das müsste schon ein Besonderer sein. Sie dachte darüber nach, wer am nächsten Tag auf dem Terminplan stand. Bei den meisten würde sie es nicht wagen, so eine Show abzuziehen, aber eine war dabei, Dr. Huber, eine junge Ärztin, mit der sie sich sehr gut verstand, bei der sie sich das zumindest vorstellen konnte. Sie wollte sich später noch ausführlicher mit der Idee beschäftigen, aber zuerst einmal weiterlesen.

+++++

Damit hebt sich dieser Verkäufer sicher von den anderen Pharmareferenten, die an diesem Tag und den folgenden Tagen bei diesem Arzt vorsprechen, ab. So bleibt er auch ganz sicher in Erinnerung. Mutige Gesprächseinstiege dieser Art sind nicht einfach in eine Struktur zu bringen und in Form einer Anleitung – machen Sie erstens das, dann das und dann das – darzustellen. Sie sind meist sehr individuell und erfordern gute Kenntnis der spezifischen Situation sowie eine Portion Kreativität.

Dennoch will ich versuchen, ein paar der wichtigen Kriterien dafür aufzulisten, um es Ihnen zumindest leichter zu machen, auf gute Ideen zu kommen. Nachfolgend finden Sie dann auch noch eine Reihe von Ideen und Beispielen, die Sie so nutzen können, wie Sie sind oder auch an Ihre Situation anpassen können.

Zuerst zu den Kriterien, die sich in mutigen Gesprächseinstiegen häufig finden. Solche Einstiege ...

- sind zumeist unerwartet und überraschend für den Arzt,
- involvieren oft (aber nicht unbedingt) Gegenstände (wie die Blätter im obigen Beispiel), um gewisse Botschaften zu unterstreichen und

- können auch sehr gut in Form von Fragen formuliert werden, über die Ihr Kunde erst einmal (länger) nachdenken muss.

Diese Art von Gesprächseinstiegen zu gestalten, hat sehr viel mit kreativen Ideen zu tun. Diese sollten nicht nur Spannung erzeugen, Interesse wecken oder lustig sein. Sie müssen vor allem auch zu Ihrem Angebot, Ihrem Kunden und der Situation passen und Ihre Botschaft unterstützen bzw. transportieren. Einfach nur mit einem Gag zu starten, ergibt keinen Sinn, wenn der Gag nichts mit dem zu tun hat, was Sie verkaufen.

Da diese Ideen so spezifisch sein müssen, kann ich diese nicht für Sie finden, zumindest nicht in einem Buch. Das müssen Sie selbst tun. Doch was ich tun kann, ist Ihnen Anregungen zu geben, mit denen Sie leichter Gesprächseinstiege der anderen Art, mutige Einstiege finden.

Gleich vorweg sei gesagt, dass sich diese Anregungen nicht sauber trennen lassen, was aber auch gar nicht notwendig ist. Ich werde sie zwar einzeln behandeln, aber Sie werden feststellen, dass sie sich ganz automatisch verbinden und zu zweit oder zu dritt gute, manchmal sogar großartige Ideen für Gesprächseinstiege ergeben können.

Variante 1: Mit Fragen neugierig machen

Ein Thema, mit dem wir uns im nächsten Abschnitt noch ausführlicher beschäftigen werden, sind Fragen. Diese sind vor allem sehr gut einsetzbar, um die Bedürfnisse des Kunden herauszufinden, aber nicht nur. Auch als anderer mutiger Einstieg in ein Verkaufsgespräch ist eine Frage sehr gut einsetzbar.

Bei dieser Art von Fragen ist vor allem eines wichtig: Der Kunde darf sie nicht erwartet haben. Nur so überrascht sie ihn, macht ihn neugierig und bringt ihn zum Nachdenken. Fragen, die das nicht leisten können, sind für mutige Gesprächseinstiege nicht zu gebrauchen. Fragen, die Kunden zum Nachdenken bringen – und das gilt nicht nur für Fragen im Gesprächseinstieg – sind zuallermeist gute, in jedem Fall interessante Fragen.

Ohne viel über Fragetechnik zu sprechen (dazu kommen wir etwas später noch) illustriere ich, was ich damit meine, am besten gleich anhand von einigen konkreten Beispielen:

- Autoverkäufer: „Kennen Sie den wesentlichen Unterschied zwischen diesem Fahrzeug und seinem Vorgängermodell, der auch gleichzeitig der Grund ist, warum es die meisten Kunden kaufen?"
- Immobilienmakler: „Welche Geldanlage, die Ihnen eine jährliche Rendite von 4 % bringt, können Sie tagtäglich nutzen?"
- Pharmareferent: „Wenn Sie Ihren Patienten 10 Jahre mehr Leben schenken können, das diese auch in vollen Zügen genießen, würden Sie das tun?"
- Reisebüroverkäufer: „Was hassen Sie an Urlauben?"
- Verkaufstrainer: „Was würde sich für Ihr Unternehmen ändern, wenn sich die Zahl der Neukunden verdoppeln würde?"

Natürlich gibt es noch sehr viel mehr Branchen und sehr viel mehr Fragen, doch ich bin sicher, die grundlegende Idee ist Ihnen klar und Sie können eine Reihe eigener, guter Einstiegsfragen finden.

Zugegeben, um mit einer ungewöhnlichen Frage in ein Gespräch einzusteigen, erfordert meist nicht wahnsinnig viel Mut, wobei das natürlich auch auf die Frage ankommt. Betrachten Sie diese als die Varianten zum Aufwärmen, wenn es um mutige Gesprächseinstiege geht.

Variante 2: Mit Emotionen das Herz ansprechen

Geschäftliches wird von den meisten Menschen mit Sachlichkeit assoziiert. So etwas wie Emotionen hat in Verkaufsgesprächen für viele nichts verloren. Vor allem in Branchen, in denen technische Produkte und Leistungen verkauft werden, ist das häufig so. Doch gerade das Gegenteil ist der Fall. Wenngleich sachliche Argumente natürlich verwendet werden und oft auch unerlässlich sind, so sind es letztlich doch die Emotionen, die den Ausschlag geben. Ich behaupte sogar (und da bin ich nicht der Einzige), dass Kaufentscheidungen im Grunde immer emotional getroffen werden.

Ihre Kunden mit Emotionen zu fesseln, wird fast immer mit Geschichten (das ist die nächste Variante, die wir uns ansehen werden), die Sie erzählen, im Zusammenhang stehen. Geschichten haben fast immer eine (stark) emotionale Komponente.

Was, wenn Sie zum Start Ihres Gespräches einen Brief eines Kunden bzw.

Klienten zur Hand nehmen (noch im Originalkuvert, damit wirkt er echter und damit glaubwürdiger), der genau das, was Sie kommunizieren wollen, beschreibt. Idealerweise erklärt der Kunde darin, welche Probleme er hatte und wie er diese durch Anwendung Ihres Produktes oder Ihrer Leistung gelöst hat und wie sich seine Situation bzw. sein Leben dadurch zum Besseren gewandelt hat. Das könnte ein beeindruckender Gesprächseinstieg sein, der Geschichten mit Emotionen verbindet.

+++++

Das war eine nette Idee. Corinna nahm sich vor, im Produktmarketing bei nächster Gelegenheit nachzufragen, ob sie Briefe von zufriedenen Patienten bekamen und ob sie diese für solche Zwecke einsetzen dürften. Sie hatte nie etwas davon gehört, wollte es aber nicht ausschließen. Schließlich erhielten Unternehmen in allen möglichen Bereichen Briefe von Kunden – von zufriedenen und vermutlich auch sehr viel öfter von unzufriedenen.

+++++

Variante 3: Mit Geschichten in Erinnerung bleiben

Wie wurden früher Informationen überliefert, in Zeiten, in denen es noch keine Medien, nichts Gedrucktes oder Elektronisches gab. Man hat sie mündlich weitergegeben und das sehr oft in Form von Geschichten. Geschichten, gute Geschichten bleiben in Erinnerung, bleiben haften. Auch Gedächtniskünstler verpacken Informationen, die sie sich merken wollen, in Geschichten. Nicht umsonst erlebt „Storytelling", was ja nichts anderes bedeutet als „Geschichten erzählen" in den letzten Jahren in Marketing, Werbung und Verkauf einen Boom.

Wenn Sie also wollen, dass Sie mit Ihrem Gesprächseinstieg nicht nur auffallen, sondern auch in Erinnerung bleiben, dann überlegen Sie sich eine Geschichte, die das, was Sie sagen wollen und damit Ihre Botschaft zum Ausdruck bringt.

- Wenn diese auch die Emotionen des Kunden anspricht, ist es umso besser. Wie gesagt, die Varianten für mutige Gesprächseinstiege lassen sich gut verknüpfen.

Wie bzw. wo aber finden Sie gute Geschichten, die Ihre Botschaft transportieren? Wenn Sie Augen und Ohren aufsperren, achtsam durch den

Tag gehen und damit Ihre Antennen für Geschichten immer auf Empfang geschaltet haben, werden Ihnen immer wieder gute Geschichten mühelos zufliegen. Das hat etwas mit selektiver Wahrnehmung zu tun. Das läuft unbewusst ab.

Das ist übrigens eine allgemein sehr gut einsetzbare und funktionierende Methode, um Ideen wofür auch immer zu finden. Beschäftigen Sie sich eine Zeit lang – ein paar Minuten oder auch Stunden im Rahmen eines Workshops etwa – bewusst und aktiv mit der Suche nach Ideen. Machen Sie ein Brainstorming oder auch ein Mindstorming (Brainstorming mit sich selbst). Dann hören Sie auf damit und lagern die weitere Suche sozusagen an Ihr Unterbewusstsein aus. Dieses sucht still und heimlich, ohne dass Sie es bemerken weiter und immer dann, wenn es eine weitere Idee gefunden hat, poppt diese an Ihrer Bewusstseinsoberfläche auf – mitten in der Nacht, beim Duschen, beim Laufen oder auch während Sie im Restaurant die Toilette aufsuchen.

Ein paar Anhaltspunkte, worum sich Ihre Geschichten drehen könnten, damit die Suche leichter fällt:

- Erfolgserlebnisse Ihrer Kunden, die diese durch den Einsatz Ihres Produktes bzw. Ihrer Dienstleistung hatten.
- Im Pharmabereich wird mit sogenannten „Patientenbildern" gearbeitet, einer Beschreibung von typischen Patienten mit ihren Problemen, die sich sehr gut in Geschichten von ganz konkreten Menschen verpacken lassen. Diese Idee lässt sich auch auf andere Branchen übertragen.
- Probleme, die Ihre Kunden haben, bevor Sie Ihr Produkt einsetzen.
- Überlegen Sie, welche aktuellen Themen gerade die Nachrichten befeuern. Gibt es dabei welche, die Sie mit Ihrem Produkt und Ihrer Botschaft verknüpfen können?
- Jahreszeiten oder Feiertage können ein Aufhänger für eine Geschichte sein. Neben den klassischen Feiertagen, die oft schon ein wenig abgegriffen sind, weil sie von sehr vielen Unternehmen in Verkauf und Marketing genutzt werden, gibt es eine lange Liste von Welttagen – den Welttag der Jogginghose, den des Kusses oder auch den Welttag der Schlagzeuger, um nur ein paar der ausgefallenen zu nennen. Von diesen könnte sich der eine oder andere vielleicht anbieten, um ihn mit einer Story zu verknüpfen, die zu Ihrer Botschaft passt.

- Sie könnten auch an den Branchennews oder Neuigkeiten im Unternehmen Ihres Kunden mit Ihrer Geschichte anknüpfen. Um diesbezüglich auf dem Laufenden zu bleiben, sollten Sie bei Googlealerts die Stichworte hinterlegen (typische Stichworte in der Branche, der Name Ihres Kunden etc.), über die Sie informiert werden möchten. Google liefert Ihnen dann, wann immer es zu einem dieser Stichworte irgendetwas Neues im Netz gibt, diese Informationen prompt und kostenlos.

Wenn Sie eine gute, passende Geschichte haben, dann beginnen Sie Ihr Gespräch gleich damit – Ansatzlos. Begrüßen Sie Ihren Kunden und los geht es. Wenn Sie mutig genug sind, dann sparen Sie sich auch den Rahmen dafür. Verzichten Sie auf „da muss ich Ihnen eine Geschichte erzählen“ oder Ähnliches. Auf diese Art und Weise wirkt die Geschichte stärker.

Variante 4: LIVE Visualisieren

Im Normalfall haben wir im Verkauf jede Menge Informationen für den Kunden, die unser Produkt oder unsere Leistung betreffen. Im weiteren Verlauf eines Verkaufsgespräches gibt es dann in einigen Branchen typischerweise auch so etwas wie eine Präsentation, unterstützt durch einige PowerPoint-Slides oder ein Prospekt. Doch gleich zu Beginn eines Gespräches wird fast immer nur gesprochen. Warum nicht auch gleich hier am Anfang damit beginnen, die eine oder andere Information für Ihren Kunden zu visualisieren.

Das kann zum Beispiel aufzeichnen (auf ein Blatt Papier, ein Flipchart oder auch auf einem geeigneten elektronischen Tool im Rahmen von digitalen Verkaufsgesprächen) bedeuten. Oder aber, Sie haben die Information bereits in visueller Form mitgebracht. Doch gerade das Live-Zeichnen ist eine spannende Möglichkeit zu visualisieren, da es ungewöhnlich ist und auffällt. Aufzufallen ist schließlich eines der wichtigsten Ziele, die wir am Beginn dieses Buches besprochen haben.

Die Visualisierung lässt sich sehr gut mit anderen Varianten, wie mit Fragen oder Geschichten etwa, verbinden. Ein paar Beispiele dazu, um diese Variante des Gesprächseinstieges zu illustrieren.

- Ein Autoverkäufer zeichnet auf ein Blatt Papier, das er auf einem Klemmbrett hat, zwei Linien – eine längere und eine kürzere, hält sie dem Kunden, der gerade interessiert vor dem neuen Hybrid-Modell XY steht, hin und fragt ihn: „Guten Tag. Was meinen Sie, was diese beiden Linien bedeuten könnten?“ Der Kunde wird das vermutlich nicht wissen (aber vielleicht trotzdem raten). Der Verkäufer setzt fort: „Die kurze Linie ist die durchschnittliche gesamte Reichweite von allen anderen Hybridfahrzeugen am Markt (und schreibt eine Zahl dazu). Die lange ist die des neuen XY (und schreibt eine deutlich höhere Zahl hin)". Dann nimmt der Verkäufer das Blatt und gibt es dem Kunden in die Hand.

- Ein Pharmareferent begrüßt den Arzt als er seinen Behandlungsraum betritt und rollt ein Flipchart aus, auf dem er seine Botschaft (idealerweise wieder bildlich dargestellt) vorab aufgezeichnet hat und hält während des Gespräches das Flipchart vor seiner Brust ausgerollt. Dieses kann dann auch beim Arzt bleiben. Idealerweise ist es etwas, das der Arzt in Gesprächen mit seinen Patienten gut nutzen kann und sogar aufhängt.
- In einem Elektromarkt steht neben dem neuen Fernsehgerät mit der XY Technologie ein Flipchart mit einigen Strichen drauf. Der Kunde steht davor. Der Verkäufer tritt an ihn heran und fragt ihn: „Wie finden Sie das Gerät?" Der Kunde antwortet: „Interessant." Der Verkäufer nimmt einen Stift und macht einen weiteren Strich auf dem Flipchart: „Damit sind Sie allein heute schon der Zwölfte."
- Wenn Sie diese Variante einsetzen wollen, müssen Sie Folgendes überlegen:
- Welche Botschaft wollen Sie gleich zu Beginn kommunizieren? Es sollte eine sein, die möglichst für viele Kunden passen kann.
- Wie können Sie diese grafisch darstellen? Worte und Zahlen sind selbstverständlich auch erlaubt, aber Bilder sind besser.
- Auf welcher Art Papier oder auch elektronischem Medium (einem Tablet z.B.) können Sie diese darstellen? Denken Sie dabei auch an unterschiedliche Papiergrößen. Neben Papier in normaler Blockgröße kann es auch Flipchartpapier sein oder auch Papier in der Größe von Spielkarten bzw. noch kleiner, wenn das zu Ihrer Botschaft passt.

+++++

Mit einem großen Flipchart in den Praxen ihrer Kunden aufzukreuzen, schien Corinna ein wenig übertrieben, wenngleich – wenn sie den Autor richtig verstanden hatte – genau das Übertreiben ja auch Sinn der Sache war. Aber etwas aufzuzeichnen konnte sie sich gut vorstellen.

Sie musste sich dafür vorab überlegen, welche Ihrer Botschaften und Argumente sie in welcher Form bildlich darstellen konnte und hatte gleich zwei, drei Ideen. Sie nahm sich einen Block und einen Stift, um diese festzuhalten.

+++++

Variante 5: Mit etwas Physischem begreifbar machen

Diese Variante führt noch einen Schritt weiter. Papier ist auch bereits etwas Physisches, doch es geht noch deutlich dreidimensionaler. Dabei kann alles, wirklich alles zum Einsatz kommen, wenn Sie es schaffen, eine Verbindung zu dem, was Sie anbieten, herzustellen. Ich stelle regelmäßig fest, dass viele Verkäufer mit der Aufgabe, sich zu überlegen, wie sie diese Variante einsetzen können, zu Beginn kreativ überfordert sind. Daher habe ich Ihnen eine Methode mitgebracht, mit der es leichter fällt, neue, ungewöhnliche, mutige Ideen für Gesprächseinstiege zu finden.

Anstatt sich zu fragen, welcher Gegenstand wohl zu Ihrem Produkt oder Ihrer Dienstleistung passen könnte (was Sie natürlich auch tun können), drehen Sie es um und nehmen eine Reihe von Gegenständen als Ausgangspunkt her. Im Normalfall hilft es, wenn diese

- klein und leicht (weil leichter transportabel),
- kostengünstig (wenn Sie den Gegenstand beim Kunden lassen wollen) und
- ungewöhnlich für Ihr Umfeld bzw. das Umfeld des Kunden sind (für einen Landwirt ist Heu alltäglich, für einen Banker nicht).
- Eine solche Liste, die ich soeben ganz willkürlich erstellt habe, könnte etwa sein:
- ein größerer Kieselstein oder mehrere kleine (ggfs. in unterschiedlichen Farben)
- ein Stück Holz oder ein Zweig
- Sand (verschiedene Varianten und Farben)
- Reis (in verschiedenen Farben)
- getrocknete Bohnen oder Erbsen
- eine Tafel Schokolade (von der Sie etwas abbrechen können)

- Bargeld (Münzen oder Scheine)
- ein Maßband
- Nägel, Schrauben oder Muttern
- eine Gabel, ein Löffel oder ein Messer
- ein Kondom

Diese Liste ließe sich endlos fortsetzen. Doch was machen Sie nun damit? Ein paar Ideen dazu, um die Vorgehensweise zu illustrieren:

- Der Verkäufer im Reisebüro stellt dem Kunden, der sich für die Malediven interessiert, gleich zu Beginn des Gespräches eine Schale mit Sand hin und sagt: „Greifen Sie da hinein, um ein Gefühl dafür zu kriegen, wie fein der Sand dort, wo Sie hinwollen, ist."
- Die Ernährungsberaterin ersucht den Kunden ein Maßband mit einhundert Zentimeter Länge zu halten und fragt ihn: „Wie alt sind Sie?" Der Kunde antwortet: „Fünfundvierzig." Sie schneidet das Maßband bei 45 cm ab, lässt das Stück zu Boden fallen und sagt: „Das ist bereits aufgebraucht. Das aktuelle Durchschnittsalter, das ein Mann Ihres Alters erwarten kann, ist heutzutage ca. 79 Jahre." Dabei trennt Sie mit einem weiteren Schnitt das Band an dieser Stelle und lässt den Rest zu Boden fallen. „Das ist das Leben, das Sie noch hätten. Allerdings muss ich Ihnen bei Ihrem Gewicht noch etwas abziehen!" und schneidet weitere 10 Jahre ab, aber nicht ganz, sodass diese zehn Jahre noch ‚an einem seidenen Faden' hängen. Ich möchte Ihnen helfen, dieses Stück nicht zu verlieren."
- Ein Personalberater könnte einen Haufen Schrauben (nicht zu klein) vor dem Kunden auf den Tisch ausleeren und sagen: „Sie suchen Mitarbeiter und die Schrauben sollen diese darstellen und das sind alles hochwertige Schrauben. Wir besorgen Ihnen diese Mitarbeiter, doch das wäre zu wenig." Er schüttet auch noch eine Handvoll Muttern aus und fordert den Kunden auf, eine Schraube und eine Mutter zu nehmen. „Und nun schrauben Sie die Mutter auf die Schraube." Der Kunde stellt rasch fest, dass das nicht funktioniert (weil die meisten Schrauben nicht mit den Muttern zusammenpassen). „Diese Muttern symbolisieren Ihr Unternehmen und wie Sie feststellen, passt nicht jeder Mitarbeiter zu jedem Unternehmen.
  Es kann mühsam und zeitaufwendig sein, den ganzen Haufen hier zu durchsuchen, um die passende Schraube für Ihre Mutter zu finden. Da kommen wir ins Spiel."

Nach kurzer Suche greift der Verkäufer zu einer Schraube und gibt sie dem Kunden in die Hand. „Versuchen Sie es einmal mit dieser." Der Kunde schraubt die Mutter leicht auf die Schraube und der Verkäufer ergänzt: „Durch unser spezielles Know-how können wir ganz zielgerichtet suchen und finden rasch die Mitarbeiter für Sie, die auch zu Ihnen passen." Wenn auf der Schraube oder der Mutter auch noch das Logo des Personalberaters aufgedruckt ist, dann ist es etwas, was dieser idealerweise beim Kunden lässt. Ich verspreche Ihnen, dass so etwas sehr lange auf dem Schreibtisch der meisten Kunden liegen bleibt.

Auf Knopfdruck kreativ

Gute, kreative Einfälle für Gesprächseinstiege dieser Art lassen sich nicht erzwingen. Experimentieren Sie spielerisch damit und schränken Sie sich dabei zu Beginn nicht ein. Alles ist vorerst erlaubt. Erst in einem zweiten Schritt sortieren Sie dann die Varianten aus, die – aus welchen Gründen auch immer – nicht umsetzbar oder nicht spannend sind und übrig bleiben dann ein paar gute und praktisch einsetzbare Ideen.

Da diese Art von Kreativmethoden auch noch an anderen Stellen im Buch, in anderen Phasen des Verkaufsgespräches hilfreich sein können, möchte ich hier noch ein wenig mehr Zeit investieren und Ihnen eine weitere Möglichkeit vorstellen, mit der Sie einfach und rasch gute Ideen für Ihren Gesprächseinstieg finden können. Wenn diese dann auch für die Präsentationsphase weiter hinten im Gespräch passen, umso besser. Idealerweise zieht sich der Gedanke, symbolisiert durch ein Ding (wie unsere Schrauben und Muttern z.B.) wie ein roter Faden, den Sie immer wieder aufgreifen, durch Ihr Gespräch.

Bei dieser zweiten Kreativmethode beginnen Sie bei der Hauptbotschaft, die Sie kommunizieren wollen. Lassen Sie uns annehmen, das wäre „Sicherheit". Dann könnten Sie sich fragen: „Was alles assoziiert man mit Sicherheit?"

Meine Antworten darauf wären:

- Eine Versicherung
- Einen Helm
- Knie- und Ellbogenschützer
- Ein Sicherheitsnetz
- Ein Schloss

- Ein Kondom
- Eine Waffe (Pistole, Elektroschocker, Pfefferspray)
- Einen Airbag
- Eine Firewall
- Einen externen Datenspeicher
- Ein langes und kompliziertes Passwort
- Einen Tresor

Diese Liste war das Ergebnis von ca. 2 Minuten Denkarbeit. Ich bin überzeugt, dass Ihnen noch mehr bzw. auch andere Begriffe einfallen wie mir. Nun geht es in einem zweiten Schritt darum, zu überlegen, wie Sie diese Begriffe in Zusammenhang mit Ihrer spezifischen Botschaft bringen können und wie konkret Sie diese im Gesprächseinstieg einsetzen können.

Lassen Sie uns einmal annehmen, ein Verkäufer möchte Alarmanlagen verkaufen, ein Produkt, bei dem Sicherheit natürlich das Hauptmotiv ist. Wie könnte unser Verkäufer die Liste oben verwenden. Wenn er mutig genug ist, dann könnte er das Kondom heranziehen und folgendermaßen ins Gespräch einstiegen:

Der Verkäufer gibt dem Kunden das Kondom in die Hand und sagt: „Was denken Sie, wenn einhundert Frauen konsequent ein Jahr lang mit Kondom verhüten. Wie viele davon werden trotzdem schwanger?" Der Kunde zuckt mit den Schultern und sagt: „Eine?" Der Verkäufer antwortet: „Es sind zwischen zwei und zwölf. Also gar nicht so wenig. Aber was hat das mit Ihrer Alarmanlage zu tun? Herkömmliche Alarmanlagen und andere Einbruchsschutzmaßnahmen für Ihr Haus sind wie Kondome. Sie sind besser als gar kein Schutz, aber einen Profi halten Sie damit keine zwei Minuten auf." Der Verkäufer reicht dem Kunden ein Päckchen mit Pillen: „Wissen Sie, was das ist?" Der Kunde liest, was auf der Verpackung steht und sagt: „Antibabypillen?" „Richtig. Die Pille ist zehn- bis zwanzigmal so sicher wie ein Kondom und die Technologie, mit der unser Sicherheitssystem arbeitet, ist wie die Pille."

Kann diese Art von Gesprächseinstieg ins Auge gehen? Ja, möglicherweise. Wenn die minderjährige Tochter des Kunden gerade ungewollt schwanger geworden ist, findet dieser den Gesprächseinstieg vielleicht gar nicht amüsant. Wenn der Kunde allerdings keine Kinder hat, ist dieses Risiko wieder überschaubar. Wie alles andere auch müssen Sie gewagtere

Gesprächseinstiege mit viel Fingerspitzengefühl einsetzen. Aber „No risk, no fun", wie es so schön heißt.

Natürlich könnte unser Verkäufer das Kondom und diese Pillen auch gleich als Giveaway beim Kunden lassen und die Schachtel mit Bonbons befüllen, falls ihm das nicht zu geschmacklos erscheint.

Dem Kunden Ihre Ziele nennen

Meinen Sie, dass Ihr Kunde bzw. Interessent weiß, warum Sie mit ihm sprechen? Glauben Sie mir, das tut er. Ihm ist klar, dass Sie nicht nur zum Kaffeetrinken gekommen sind, sondern ihn auch von etwas überzeugen, ihm etwas verkaufen wollen. Das ist nun einmal die Aufgabe von Verkäufern. Umso seltsamer ist es, dass wir im Verkauf oft so tun, als wäre das gar nicht unsere Absicht. Wir reden um den heißen Brei herum, anstatt laut auszusprechen, was Sache ist. Der Grund dafür ist, dass es mehr Mut erfordert, genau das zu tun. Wovon ich konkret spreche, ist Ihrem Kunden Ihre Ziele zu Beginn des Gespräches zu nennen. Das hat Vorteile für Sie und erhöht die Wahrscheinlichkeit, dass Sie Ihre Gesprächsziele auch erreichen.

Doch lassen Sie uns zuerst einen Blick darauf werfen, was gesprächstechnisch dabei zu beachten ist:

- Sie formulieren Ihr Ziel für das Gespräch. Das sollte, wie bei mutigen Zielen weiter vorne im Buch beschrieben, auch eine Erwartung an den Kunden beinhalten.
- Dann holen Sie sich dazu die Zustimmung Ihres Kunden ein.

Ein paar Beispiele:

- Ein Pharmareferent: „Ich bin heute hier, um Sie davon zu überzeugen, dass unser Präparat Ihren Patienten ihren Tagesablauf massiv erleichtert und dass Sie am Ende des Gespräches sagen, dass Sie es zumindest mit zwei Patienten testen werden. – Ist das in Ordnung für Sie (darüber zu sprechen)?"
- Ein Unternehmensberater: „Mein Ziel ist es, dass wir heute noch die offenen Punkte klären und ich Sie so weit überzeugen kann, dass Sie sich entscheiden, das Projekt mit mir umzusetzen. Passt das so für Sie?"
- Ein Immobilienmakler: „Sie haben die Wohnung ja schon zweimal besichtigt. Für das heutige Gespräch habe ich mir vorgenommen herauszu-

finden, was Sie noch davon abhält, sie zu kaufen, das dann zu klären und ein Kaufangebot von Ihnen zu bekommen. Können wir so vorgehen?"

Durch diese Art der Konfrontation des Kunden mit Ihren Zielen erreichen Sie einerseits, dass, falls es doch noch Unklarheiten über den Grund Ihres Gespräches geben sollte, diese jetzt ausgeräumt sind.

Der wichtigere Effekt ist aber folgender: Sie erzeugen damit sanften Erwartungsdruck auf den Kunden. Er weiß nun, was Sie von ihm erwarten. Natürlich muss er diesen Erwartungen nicht entsprechen, sodass Sie Ihre Ziele erreichen können. Natürlich steht es ihm frei, NEIN zu sagen, aber Sie machen es ihm dadurch schwerer. Wenn Sie jemandem sagen, was Sie von ihm erwarten und er macht das dann nicht, hat er im Normalfall zumindest ein schlechtes Gewissen.

Natürlich machen Sie das auf nette, unaufdringliche Weise. Betonen Sie, dass es IHR Ziel (und nicht zwingend das des Kunden) ist bzw., wenn Sie noch mit ein wenig mehr Fingerspitzengefühl vorgehen wollen, können Sie es auch als Wunsch formulieren und mehr Emotion mit ins Spiel bringen:

- „Herr Mustermann, für das heutige Gespräch würde ich mir wirklich wünschen, dass ich die offenen Fragen so zufriedenstellend beantworten kann, dass Sie am Ende des Gespräches sagen: Ja, das will ich haben. Passt das für Sie, wenn wir uns darüber unterhalten?"
- Oder auch noch etwas emotionaler formuliert: „Herr Mustermann, ich würde mich wirklich freuen, wenn ich Sie in unserem heutigen Gespräch so weit von unserer Lösung überzeugen kann, dass Sie sich am Ende des Gespräches für unser Angebot entscheiden. Wollen wir uns darüber unterhalten?"

Mit einer in dieser Art und Weise formulierten Frage am Ende Ihrer Zielnennung erhalten Sie – im Normalfall – auch gleich ein JA früh im Gespräch und das ist definitiv ein besserer Start als ein NEIN.

Wie zurückhaltend oder fordernd Sie das tun wollen, hängt von Ihnen und der Verkaufssituation ab, in der Sie sich befinden, aber sagen Sie dem Kunden, was Sie erreichen wollen und was Sie sich von ihm wünschen oder erwarten. Er wird Ihnen den Wunsch bzw. Ihre Erwartungen nicht immer erfüllen, aber die Wahrscheinlichkeit, dass er es tut, steigt.

+++++

Corinna klappte das Buch zu. „Genug für heute", dachte sie. Sie hatte schon wieder eine Menge Zettelchen als Markierung im Buch hinterlassen und mit ihrem Leuchtstift etliche Stellen angestrichen.

Morgen früh hatte sie ihren Termin mit ihrer Chefin Sarah und sie fragte sich, wie Sie das bisher Gelesene in diesem Gespräch nutzen konnte. Letztlich war auch dieses Gespräch eine Art Verkaufsgespräch, warum also nicht. Je mehr sie darüber nachdachte, umso besser gefiel ihr die Idee. Was wollte Sie erreichen in dem Gespräch? Was waren ihre Ziele?

Sie wollte Sarahs Zustimmung, dass sie das Seminar des Buchautors besuchen dürfe – auf Kosten des Unternehmens natürlich. Ganz billig war es nicht. 1.900 € verlangte er für das zweitägige Seminar pro Teilnehmer.

Sie nahm sich vor, das Thema sehr direkt anzusprechen und Sarah zu sagen, dass sie das Seminar unbedingt besuchen wollte.

+++++

„Hallo Corinna. Schön, dass wir uns wieder einmal persönlich treffen", begrüßte sie Sarah und streckte ihr die Hand entgegen.

„Ja, das muss ja schon Wochen her sein."

„Setzt dich. Willst du einen Kaffee? Wasser?"

„Gerne Wasser. Ich hatte gerade erst Frühstück und für einen Kaffee ist es mir noch zu früh."

„Wie geht es dir?"

„Soweit ganz gut. Die Ärzte könnten ein wenig offener und schneller sein, was die Akzeptanz des neuen Präparates angeht, aber das wird schon." Corinna versuchte zuversichtlich zu wirken.

„Das habe ich mir auch gedacht, als ich die Zahlen in deinem Gebiet analysiert habe. In den meisten anderen Gebieten sind wir schon weiter. Was denkst du denn, woran das liegt?" Sarah verschwendete keine Zeit und kam direkt zum Thema.

„Ich weiß nicht. Ich komme schon voran, aber ein wenig langsam eben."

„Du sprichst ja auch mit deinen Kollegen. Hast du da etwas herausgehört, das den Unterschied erklären könnte?"

„Ich denke, mein Gebiet ist ländlicher und da sind die Ärzte traditioneller und schwerer von Veränderungen zu überzeugen."

„Mmmh, das kann gut sein. Hilft uns allerdings nicht wirklich weiter. Die Frage ist: Was kannst du tun, um das zu ändern und Bewegung hineinzubringen?"

„Ich kann auch an mir arbeiten und meine Art, Gespräche zu führen, etwas verändern. Ich lese gerade ein Buch mit dem Titel „Wer wagt, gewinnt". Das wurde mir von einer Freundin geschenkt, die auch im Pharma-Außendienst ist."

„Wer wagt, gewinnt", klingt interessant. Und was steht da so drin?" Corinna erklärte Sarah in ein paar Sätzen zusammengefasst, was die Idee hinter dem Buch war. „Klingt nach einem spannenden Ansatz."

„Ja und ich habe auch schon begonnen, ein paar Dinge umzusetzen, die teilweise gut gelungen sind." Sie erzählte Sarah von dem einen, sehr erfolgreichen Arztgespräch. „Der Autor des Buches gibt übrigens demnächst ein Seminar ganz in der Nähe. Das würde ich gerne besuchen. Ich habe hier die Unterlagen ausgedruckt."

Sarah nahm sie entgegen und überflog sie. „Mmmh, ist zwar nicht pharmaspezifisch, aber klingt ganz interessant. Der Preis ist auch nicht ohne und unsere Budgets sind zurzeit mehr als knapp. Außerdem brauchen wir dich im Moment so viel wie möglich draußen bei den Ärzten. Aber wenn du hingehen willst, will ich das unterstützen. Ich mache dir folgenden Vorschlag. Du investierst deine Freizeit dafür bzw. nimmst dir einen Urlaubstag – es ist ja ohnehin Freitag und Samstag, wie ich sehe und somit teilweise am Wochenende – und die Firma bezahlt es. Was meinst du?"

Corinna überlegte kurz. Nachdem Sie noch jede Menge Urlaub stehen hatte und die Samstage meist ohnehin nur mit Einkaufen und Aufräumen gefüllt waren, war es eine einfache Entscheidung. „Klingt fair, können wir gerne so machen."

„Dann melde dich an und lass die Rechnung bitte auf die Firma ausstellen und mir zukommen. Ich kümmere mich dann darum. Ich hoffe, das Seminar hilft dir weiter, denn eines ist klar, wir müssen in deinem Gebiet rascher vorankommen mit dem neuen Präparat. Die Geschäftsführung sitzt mir im Nacken, fragt mehrmals pro Woche nach den aktuellen Zahlen und bohrt dann bei den Gebieten, wo es noch nicht läuft, nach. Der Druck steigt. Ich unterstütze dich gerne, aber du musst vorankommen, und zwar rasch. Viel rascher als bisher."

Sarah sah sie dabei eindringlich an, um ihre Botschaft noch zu verstärken, was ihr auch sehr gut gelang. Corinna spürte, dass ihre Pulsfrequenz stieg und sich ein heißes Gefühl in der Magengegend auszubreiten begann. Sie hasste es, so viel Druck zu bekommen. Unter Druck zu arbeiten war nicht ihres und sie fragte sich, ob ihr Job in Gefahr war. Sie überlegte kurz, diese Frage auch Sarah zu stellen, verbiss sie sich dann aber und verabschiedete sich.

Corinna fuhr im Auto zu ihrem nächsten Termin und brauchte eine Zeit lang, bis sie sich beruhigte. Das war wichtig, denn in dieser emotionalen Verfassung konnte sie keinen Kundentermin machen, zumindest keinen erfolgreichen. Gedanken kreisten wild in ihrem Kopf. Einerseits freute sie sich, dass Sarah ihr das Seminar genehmigt hatte, andererseits machte ihr die mehr oder weniger versteckte Anspielung darauf, dass ihr Job gefährdet war, doch sehr zu schaffen.

Sie mochte ihn, sie mochte ihre Kollegen und ihre Kunden – die meisten zumindest – und wollte ihre Stelle definitiv nicht verlieren. Sie beschloss nach vorne zu schauen und sich voll dafür einzusetzen, dass ihre Ergebnisse besser wurden. Nicht, dass sie sich nicht auch bisher Mühe gegeben hätte, aber es war ihr klar, dass das nicht reichte. Das, was sie bisher gemacht hatte, hatte sie dorthin gebracht, wo sie war. Wenn sie woanders hinwollte, dann musste sie etwas anderes tun.

Veränderung war angesagt und dafür brauchte sie Ideen und Mut. Die Ideen würde sie aus dem Buch und dem Seminar bekommen, so hoffte sie. Und den Mut, diese umzusetzen und Dinge zu verändern? Den konnte ihr niemand geben, auch kein noch so guter Trainer, den musste sie sich nehmen. Das war ihr klar. Sie griff zu ihrem Smartphone, drehte ihre Mutmachmusik voll auf und merkte fast schlagartig, dass sich ihre Gefühle zu ändern begannen.

Als sie sich in der Nähe der Arztpraxis, wo ihr nächster Termin stattfand, einparkte, stellte sie fest, dass sie zu früh dran war. Normalerweise wäre sie hineingegangen und hätte darauf gehofft, dass sie dennoch bald vorgelassen würde. Bei vielen Ärzten würde das meist auch klappen.

Doch Dr. Steininger hatte eine extrem gut organisierte Praxis. Da war alles durchgetaktet und lief ab wie ein Uhrwerk. In dieses Uhrwerk wollte sie nicht störend eingreifen. Warum die Zeit nicht nutzen und im Auto im Buch weiterlesen? Sie hatte es ohnehin immer dabei, um Wartezeiten sinnvoll zu nutzen.

+++++

Mutige Fragen stellen

Fragen, gute Fragen sind einzeln betrachtet wohl das wichtigste Instrument in Verkaufsgesprächen, wenn nicht in der menschlichen Kommunikation überhaupt. Sie sind es zumindest überall dort, wo es darum geht, jemanden von etwas zu überzeugen. Wollen wir das nicht tagtäglich, alle möglichen Personen in allen möglichen Situationen? Im Verkauf ist das sicher so.

Wie wir bereits besprochen haben, eignen sich Fragen sehr gut dazu, um mutig in ein Gespräch einzusteigen. Doch damit sind die Einsatzmöglichkeiten von Fragen noch lange nicht erschöpft. Wie wir noch besprechen werden, spielen Sie in einigen der folgenden Gesprächsphasen eine mindestens ebenso bedeutende Rolle. Die Phase, in der Fragen sicher am häufigsten zum Einsatz kommen, ist die Bedarfserhebung oder auch Bedarfsanalyse genannt. Das ist jene Phase, in der es darum geht, herauszufinden, was der Kunde genau will bzw. braucht.

Fatalerweise wird diese Phase in Verkaufsgesprächen oft vernachlässigt oder ganz ausgelassen wie in diesem Beispiel:

- Kunde steht vor einem Auto im Schauraum. Der Verkäufer begrüßt ihn, zeigt auf das Fahrzeug und sagt als Erstes: „Übrigens, da geht noch etwas." Damit überspringt er nicht nur die Bedarfserhebung, sondern auch gleich die Präsentation und lädt den Kunden direkt zur Preisverhandlung ein. Genau das ist mir vor ein paar Jahren passiert und dann beschweren sich manche Verkäufer darüber, dass die „bösen" Kunden immer nur Rabatte wollen.

Wenn zum Glück Verkäufer nicht immer im Preisgespräch einsteigen, so ist der Einstieg bei der Produktpräsentation verbreitet und oft anzutreffen. Die Bedarfserhebung wird ausgelassen, Fragen werden dem Kunden im Extremfall gar nicht gestellt.

Nun ist es so, dass es sehr viele Fragearten und Möglichkeiten Fragen zu formulieren gibt. Es sind so viele und so viele spannende, dass ich allein dazu ein eigenes Buch geschrieben habe: „Gut gefragt ist halb verkauft – Erfolgreich verkaufen mit psychologischen Fragetechniken".

https://amzn.to/3vroAiJ

Ich ersuche Sie mir diese kurze Werbeeinschaltung hier nachzusehen, denn natürlich kann ich Ihnen das Buch nur wärmstens empfehlen, bei der Bedeutung, die Fragen für Ihren Verkaufserfolg haben. Sie finden darin nicht nur die verkaufspsychologischen Feinheiten von Fragen erklärt, sondern auch Hunderte Beispiele, die Sie in Ihrer Praxis 1:1 anwenden können, um Ihre Erfolgsquote im Verkauf zu steigern.

Doch in diesem Buch hier möchte ich mich auf ein paar der wichtigsten, aber auch ausgefalleneren, mutigeren Fragen konzentrieren, die Sie in Ihrer Bedarfserhebung einsetzen können und auch sollten.

Was die meisten Verkäufer ganz passabel hinbekommen (wenn auch manchmal nicht in der optimalen Reihenfolge im Gespräch) ist letztlich herauszufinden, welche technischen Anforderungen der Kunde an das Produkt oder die Leistung hat. Wenn jemand Fenster verkauft, dann sind das die Maße, die Anzahl der Scheiben, die Farben etc. Das wird gerade in technischen Bereichen niemals vergessen, weil ohne diese Daten gar kein Angebot erstellt werden kann. Wenn es darum geht, mutig zu verkaufen, dann sind diese Arten von Fragen zwar wichtig, aber nicht sonderlich spannend.

Ich möchte mit Ihnen einen Bereich von Fragen bearbeiten, der außerhalb dessen ist, was Verkäufer normalerweise fragen, weil er sehr viel tiefer geht und gerade deshalb sehr aufschlussreiche Antworten produzieren kann. Natürlich sind diese Fragen für die meisten Verkäufer auch außerhalb der Komfortzone, für manche sogar weit außerhalb. Der Bereich, von dem ich spreche, betrifft die Beweggründe und die Kaufmotive, aus denen Ihre Kunden kaufen.

Fragen nach Kaufmotiven

Die Gründe, warum Kunden sich für oder gegen etwas entscheiden, sind eines der wichtigsten Dinge, die Sie in einem Verkaufsgespräch herausfinden können. Wenn Sie diese Gründe kennen, dann können Sie Ihr Gespräch im weiteren Verlauf genau darauf abstimmen. Ihr Ziel sollte es sein, die Antworten auf die folgenden drei Fragen herauszufinden:

- Was will der Kunde? – Das schaffen, wie erwähnt, die meisten Verkäufer. Die Fragen dazu und die Antworten darauf befinden sich fast immer voll in der verkäuferischen Komfortzone.
- Wie will es der Kunde? – Dabei geht es um die Art der „Verpackung" im allgemeinen metaphorischen Sinn. Was genau damit gemeint ist, werden wir uns gleich näher ansehen.
- Warum will der Kunde das? – Das ist die möglicherweise am schwierigsten zu beantwortende Frage, da Kunden die Antwort oft selbst nicht kennen und Sie als Verkäufer diese gemeinsam mit Ihrem Kunden suchen und finden können.

Wie will es der Kunde?

Stellen Sie sich vor, Sie geben Ihrem Kunden sein Produkt oder seine Leistung in einem Päckchen. Von außen ist es nicht zu sehen. Was man allerdings sieht, ist die Verpackung. Da haben Sie unzählige Möglichkeiten: blaues Papier mit grüner Schleife, rotes Papier mit gelber Schleife oder auch gar kein Papier und eine breite goldene Schleife drumherum. Die meisten Verkäufer konzentrieren sich nur auf den Inhalt des Päckchens. Das Problem ist, dass dieser in vielen Branchen dem des Mitbewerbs sehr ähnlich ist. Durch die Art der Verpackung können Sie sich aber vom Mitbewerb unterscheiden, denn die Verpackung ist – wie wir aus eigener Erfahrung wissen – sehr wichtig für die Kaufentscheidung.

Als mutiger Verkäufer bzw. mutige Verkäuferin sollten Sie sich daher nicht damit zufriedengeben, dem Kunden den gewünschten Inhalt anzubieten, sondern versuchen herauszufinden, welche Art Verpackung Ihr Kunde am liebsten hat und die Verpackung hat wiederum sehr viel mit den Gründen zu tun, aus denen er kauft.

Warum Kunden kaufen

Es gibt eine Reihe von sogenannten Kaufmotiven – Sicherheit, Einfachheit, Genuss, Zeitersparnis, Kostenersparnis und viele mehr. Wir müssen bzw. können diese vermutlich auch nicht erschöpfend auflisten. Das ist allerdings auch gar nicht notwendig. Eine Liste, aus der Sie wie aus einem Menü auswählen, würde Sie als Verkäufer vielleicht sogar von der zielführendsten Variante abbringen, mit der Sie die Motive des Kunden herausfinden können: Ihren Kunden danach zu fragen.

Dabei handelt es sich nicht nur um eine Frage, sondern um eine Sequenz von vier Fragen, die immer tiefer in die Werte und Wünsche des Kunden führen. Manchmal führen sie in einen Bereich, der dem Kunden selbst bisher noch gar nicht bewusst war. Kein Wunder, wer beschäftigt sich schon ausführlich mit den Gründen, warum er etwas will oder kauft.

Diese Fragesequenz funktioniert folgendermaßen:

- Frage 1: Was ist Ihnen wichtig, wenn Sie daran denken, Produkt X zu kaufen?
- Frage 2: Und was noch?

- Frage 3: Und was genau verstehen Sie unter X?
- Frage 4: Warum ist Ihnen das wichtig?

Lassen Sie uns die einzelnen Fragen genauer betrachten. Gleich vorweg: Natürlich können Sie diese Fragen (vor allem die Erste) auch anders formulieren, sodass Sie für Ihren Sprachgebrauch besser passen, solange die Grundidee der Frage erhalten bleibt.

Frage 1: „Was ist Ihnen wichtig, wenn Sie daran denken, Produkt X zu kaufen?"

Diese Frage zielt auf die (oberflächlichen) Kriterien ab, nach denen ein Kunde Ihr Produkt oder Ihre Leistung bewertet. Sie können davon ausgehen, dass die, die als Erstes genannt werden, oft auch besonders wichtig sind. Aber Achtung: Das muss auch nicht so sein. So könnte ein gewiefter Einkäufer auch immer den Preis an erster Stelle nennen, um seine verkaufspsychologische Ausgangssituation für Verhandlungen zu verbessern.

Auch die emotionale Intensität der Antwort ist von Bedeutung. Ich denke aber als erfahrene Kommunikatorin oder erfahrener Kommunikator können Sie die wahre Bedeutung der vom Kunden genannten Kriterien gut einschätzen. Achten Sie dabei auch auf Ihr Bauchgefühl. Dieses kann gerade in solchen Punkten sehr zuverlässige Hinweise liefern.

Was, wenn der Kunde keine Antworten darauf hat? In diesem Fall geben Sie ihm einfach mehr Zeit, darüber nachzudenken und/oder stellen die Frage nochmals etwas umformuliert. Ein paar Beispiele dazu, die dem Denkprozess des Kunden auf die Sprünge helfen könnten:

- „Wenn Sie daran denken, wie Sie das Vorgängerprodukt gekauft haben, wie sind Sie da vorgegangen? Was waren damals Ihre Entscheidungskriterien?"
- „Verstehe, ist oft ja auch schwer zu sagen, schließlich kaufen Sie so ein Produkt ja nicht alle Tage. Was könnten denn die Dinge sein, die Ihnen wichtig sind, wenn Sie diese wüssten?" – Formulieren Sie die Frage hypothetisch. So eigenartig das klingen mag, so kann diese Art der Fragestellung dann oft doch zu Antworten führen.

- „Was denken Sie denn, was anderen Kunden wichtig ist, die so ein Produkt kaufen?" – Auch dadurch wird Ihr Kunde auf Antworten gebracht. Sie können dann nachfragen: „Und könnte X auch für Sie wichtig sein?" – Und siehe da, schon haben Sie Kriterien, die ihm vorher gar nicht bewusst waren.

Frage 2: „Und was noch?"

Doch die zuerst genannten Kriterien müssen auch nicht immer die Interessantesten sein. Manchmal sind es solche, die später folgen, die für Ihr Verkaufsgespräch besonders aufschlussreich sein können. Doch auf diese werden Sie nur stoßen, wenn Sie sich nicht mit der ersten Antwort zufriedengeben, sondern nachfragen: „Und was noch?"

Diese Nachfrage können Sie auch mehrmals stellen – so oft, bis Sie der Meinung sind, dass entweder keine weiteren spannenden Antworten zutage gefördert werden oder Sie befürchten, den Kunden zu nerven.

Dabei wird es oft so sein, dass der Kunde über weitere Antworten erst nachdenken muss. Fragen, über deren Antworten der Kunde erst nachdenken muss, sind häufig gute Fragen. Lassen Sie ihm die Zeit, die er benötigt.

Frage 3: „Und was genau verstehen Sie unter X?"

Auf derlei Fragen können einerseits Produktmerkmale als Antwort kommen. „Mir ist wichtig, dass das Auto einen großen Kofferraum hat", könnte ein Kunde zur Antwort geben. Diese Art Antworten sind interessant und für Sie wichtig, doch nicht des Pudels Kern. Spannender sind die Gründe, die dahinterstehen.

Es können aber auch ganz andere Antworten vom Kunden kommen. Antworten, die sich auf Werte des Kunden beziehen. So könnte er auf die Frage, was ihm beim Kauf eines neuen Wagens wichtig ist, auch sagen „Sicherheit" oder „Sparsamkeit" zum Beispiel. Sie wissen, was diese Begriffe für Sie selbst bedeuten. Doch was bedeuten Sicherheit und Sparsamkeit für den Kunden? Möglicherweise versteht er etwas ganz anderes darunter. Wann sind diese Kriterien für ihn erfüllt?

Was sind die sie sogenannten „Erfüllungsbedingungen" für den Kunden? Wann sind Sicherheit oder Sparsamkeit für ihn gegeben? Das gilt es herauszufinden und dafür müssen Sie die verkäuferische Komfortzone ein Stück weit verlassen.

Bei Produktmerkmalen wie einem großen Kofferraum scheinen diese Gründe klar zu sein. Wahrscheinlich will der Kunde viele oder große Dinge transportieren, würden wir annehmen. Den meisten Verkäufern reicht das, doch mutige Verkäufer wollen es noch etwas genauer wissen und fragen nach. Erstens kann es interessant sein zu wissen, was der Kunde transportiert, denn vielleicht gibt es dafür noch andere oder bessere Lösungen als einen großen Kofferraum (einen Anhänger etwa oder eine Box, die man auf dem Dach montiert). Zweitens kann der Kunde auch hier eine andere Vorstellung von „groß" haben, als Sie.

Frage 4: „Warum ist Ihnen das wichtig?"

Mit dieser Frage haben Sie die Möglichkeit, zu den wirklichen Motiven Ihres Kunden vorzudringen, zu den Beweggründen, die den Ausschlag für oder auch gegen eine Kaufentscheidung darstellen. Doch so interessant und hilfreich die Antwort auf diese Frage für Sie als Verkäufer sein kann, so indiskret kann die Frage selbst empfunden werden, vor allem dann, wenn die Beziehungsebene zu diesem Kunden noch nicht so tragfähig ist, dass diese eine solche Frage auch leicht aushalten würde. Einem guten Freund können Sie solche Fragen jederzeit stellen, doch bei einem Kunden, den Sie möglicherweise gerade erst kennengelernt haben, brauchen Sie dafür nicht nur ein wenig Mut, sondern auch die passende Vorgehensweise.

Warum-Fragen dieser Art können Rechtfertigungsdruck beim Gegenüber erzeugen und diesen wollen wir natürlich als Verkäufer nicht auslösen. Um zu vermeiden, dass der Kunde aufgrund dieser Frage zu blockieren beginnt, sollten Sie die Frage mit einer Begründung, einer Frageerlaubnis oder einer Einwandvorwegnahme beginnen. Wie geht das?

Mit Begründung

„Damit ich Sie und Ihre Bedürfnisse in Bezug auf dieses Produkt noch besser verstehe, würde ich gerne fragen, warum Ihnen das so wichtig ist." – Diese Frage ist durch das „würde" noch weicher formuliert und streng genommen auch keine Frage, sondern eine Aussage, die aber als Frage verstanden wird.

Mit Frageerlaubnis

Verkäufer: „Darf ich Ihnen noch eine (etwas indiskrete) Frage stellen?"

Kunde: „Ja, gerne."

Verkäufer: „Warum ist Ihnen das denn so wichtig?"

Mit Einwandvorwegnahme

Verkäufer: „Sie werden sich jetzt möglicherweise fragen: Was stellt der denn für seltsame Fragen? Aber warum ist Ihnen das denn so wichtig?"

Eine Kombination aus allen drei Varianten

Verkäufer: „Auf die Gefahr hin, dass es eine indiskrete Frage ist, aber darf ich Sie dennoch dazu noch etwas fragen, damit ich möglichst gut verstehe, was Sie bewegt und was Sie benötigen?"

Kunde: „Ja, gerne."

Verkäufer: „Warum ist Ihnen denn dieser Punkt so wichtig?"

Mit diesen oder ähnlichen Formulierungen bekommen Sie sehr wahrscheinlich Antworten und Informationen, die sie ansonsten nicht erhalten hätten.

Wenn Sie durch diese Fragesequenz angespornt sind, sich intensiver mit dem Thema Fragen zu beschäftigen, dann freut mich das. Ich bin überzeugt, dass Sie dabei eine Vielzahl anderer Stellen im Verkaufsprozess finden, an denen Sie mutige Fragen außerhalb Ihrer Komfortzone stellen können. Sie werden dafür mit interessanten Informationen und profitablen Verkaufsabschlüssen reich belohnt werden.

+++++

Corinna blickte auf die Uhr und hatte kurz die Befürchtung, beim Lesen die Zeit aus den Augen verloren zu haben. Erleichtert sah sie, dass sie noch 10 Minuten hatte.

Das mit den Fragen war eine spannende Sache. Sie musste sich eingestehen, dass sie in den meisten Fällen bisher nur die ganz normalen Fragen in ihren Gesprächen gestellt hatte und keine, die etwas mehr Mut erforderten. Doch ein wenig tiefer zu graben und die Beweggründe des Arztes herauszufinden, schien ihr sehr sinnvoll. Sie hatte das Gefühl, dass sie das im Gespräch in jedem Fall ein schönes Stück weiterbringen könnte. Gleichzeitig hatte sie Angst, ihren Kunden mit den Fragen zu nerven.

„Du wolltest ja mutiger sein", sagte sie laut zu sich selbst. „Also sei nicht so ein Hasenfuß. Du wirst ja wohl noch ein paar Fragen stellen können?" Ja, das würde sie wohl können. Sie beschloss, diese Fragen gleich beim nächsten Gespräch auszuprobieren. Sie würde aber ganz traditionell ins Gespräch einsteigen, da sie das Gefühl hatte, wenn sie gleichzeitig mit mutigen Gesprächseinstiegen und ganz neuen Fragen, die sie eben erst gelesen hatte, experimentierte, würde sie das überfordern – und vielleicht auch Dr. Steininger – und auch ihr Mutkonto überziehen.

Die Gespräche mit Dr. Steininger waren immer nett und professionell verlaufen und immer nach den besprochenen zehn Minuten vorbei. Er verschrieb ihre Präparate zwar, aber hatte immer eine professionelle Distanz gewahrt. Sie hatte nicht das Gefühl, dass sie eine Beziehungsebene zu diesem Arzt aufgebaut hatte, auf der sie deutlich vorankommen könnte. Heute wollte sie mehr über ihn herausfinden.

„Was ist mein Ziel?", fragte sie sich und sagte nach kurzem Nachdenken dann: „Ich will, dass mir Dr. Steininger etwas von seinen wahren Beweggründen nennt und ich so mehr von ihm erfahre. Ich werde dazu die vier Fragen einsetzen, die ich soeben im Buch gelesen habe." Sie dachte nochmal kurz über ihr Ziel nach. Es war natürlich keines, das ihr unmittelbare kommerzielle Fortschritte brachte.

Da war nichts drinnen von „X Patienten auf das neue Präparat einstellen" oder dergleichen. Dennoch glaubte sie, dass es ihr weiterhelfen würde, wenn sie in diesem Gespräch den Fokus ganz auf dieses Ziel legen würde, auch wenn es ihr vielleicht keine unmittelbaren Verkaufsergebnisse brachte. Ein Übungsgespräch für neue Vorgehensweisen sozusagen. Sie las sich die Fragen nochmals durch und hoffte, dass sie sich im Gespräch an alle erinnern würde. Auf dem Weg in die Praxis wiederholte sie diese ein paar Mal, um sie zu verinnerlichen und betrat mit Schwung die Ordination.

Wie nicht anders zu erwarten, saßen nur wenige Patienten im Wartebereich – nicht, weil die Praxis nicht lief. Corinna vermutete, dass sie sogar sehr gut lief. Es waren nie so viele hier, weil jeder einen Termin hatte und das Praxisteam es schaffte, dass die Zeitplanung auch eingehalten wurde. Corinna meldete sich bei der Sprechstundenhilfe am Empfang an und setzte sich, innerlich noch immer die Fragen wiederholend.

Ein paar Minuten später, pünktlich zum vereinbarten Zeitpunkt, wurde sie aufgerufen. „Frau Peters, Sie können jetzt in Raum zwei kommen."

Corinna betrat den Raum. Dieser war noch leer, doch eine halbe Minute später kam der Arzt aus einer Seitentür, die ihn mit Raum eins verband. „Hallo Frau Peters", streckte er ihr die Hand entgegen. Dr. Steininger hatte sie von Beginn an mit Namen begrüßt. Viele der anderen Ärzte brauchten deutlich länger, um das Kunststück zu vollbringen, sich ihren Namen, geschweige denn den Namen ihres Präparates zu merken. Das machte ihn sympathischer, wie sie am Rande bemerkte.

„Hallo Herr Dr. Steininger, schön Sie wiederzusehen."

„Was haben Sie denn heute Schönes mitgebracht? Setzen Sie sich doch bitte", stieg er gleich ins fachliche Gespräch ein und beendete Corinnas Versuch, ein wenig Small Talk zu betreiben, noch bevor sie damit starten konnte.

„Ich habe ein paar Zahlen einer aktuellen Studie zu unserem Präparat mitgebracht, die Sie interessieren könnten. Davor wollte ich Ihnen allerdings ein paar Fragen stellen, wenn ich darf.

„Gerne fragen Sie nur."

„Wenn Sie einen neuen Patienten haben, bei dem Sie Diabetes Typ II diagnostizieren, wie entscheiden Sie denn, welche Therapie Sie verordnen? Es gibt da ja unterschiedliche Möglichkeiten."

„Mmmh, eine gute Frage." Er überlegt kurz. „Natürlich hängt es vom individuellen Krankheitsbild ab und davon, wie fortgeschritten eine Krankheit und in welchem Zustand der Patient ist. Davon abhängig entscheide ich mich dann für die Behandlung, von der ich denke, dass sie am besten zu diesem Patienten passt."

„Und was ist noch relevant für Ihre Entscheidung?" Corinna erinnerte sich, dass Nachfragen wichtig war, weil dann oft noch interessante Informationen kommen könnten.

„Sie meinen, außer diesen medizinischen Faktoren?"

Corinna zuckte mit den Schultern. „Ja auch außerhalb. Was immer Sie bewegt."

„Mmmh ..." Dr. Steininger dachte nach und seine Augen wanderten dabei nach oben blickend von links nach rechts. Corinna glaubte sich zu erinnern, dass sie in einem Buch über NLP, das sie vor einigen Jahren gelesen hatte, genau diese Art der Augenbewegung typisch für stark visuelle Menschen beschrieben wurde, wenn sie nachdachten. Sie nahm sich vor, nachzuschauen, ob sie das Buch irgendwo zu Hause hatte. Die letzten Geheimnisse im Verkauf oder so ähnlich hatte es geheißen. Ihr Interesse an allem, was ihr helfen könnte, im Verkauf erfolgreicher zu sein, war deutlich gestiegen, speziell auch durch ihr Gespräch mit Sarah.

„Es kommt ein wenig auf den Typ Mensch an, der der Patient ist." Dr. Steinigers Überlegungen hatten ein Ergebnis produziert und er sah so aus, als ob er selbst ein wenig überrascht davon wäre.

„Auf den Typ Mensch?" Corinna verstand nicht ganz, was er damit meinte und sah ihn fragend an.

„Ja, auf den Typ Mensch. Sehen Sie, unabhängig von der grundlegenden Wirksamkeit einer Behandlung ist auch wichtig, wie compliant der Patient ist.

Das beste Präparat hilft nichts, wenn er es nicht so anwendet, wie er soll. Und da gibt es Präparate in der Anwendung, die einfacher sind und solche, die schwieriger sind – aus unterschiedlichen Gründen."

„Und was verstehen Sie unter einfacher in der Anwendung?", bohrte Corinna weiter nach. Sie hatte das Gefühl, sie war auf einer interessanten Spur.

„Einfach ist es dann, wenn ich es dem Patienten einmal erkläre und er macht es genau so, am besten lückenlos."

„Und schwierig? Was heißt das für Sie?"

„Das Gegenteil. Oft stelle ich fest, dass die Behandlung nicht anschlägt und es dem Patienten nicht besser geht, weil er nicht tut, was er soll. Dann kommt er wieder und ich erkläre es ihm nochmals und versuche die Behandlung für ihn zu optimieren."

„Das heißt, wenn ich das richtig verstanden habe, dann unterscheiden Sie zwischen Behandlungen bzw. Präparaten, die einfach anzuwenden sind und bei denen die Compliance des Patienten von Beginn an hoch ist und solchen, die schwieriger sind und für die ein Patient oftmals mehr Anläufe bzw. mehr Zeit braucht, bis er diese so anwendet, wie er soll. Habe ich das richtig verstanden?"

„Ja, so könnte man das sehr gut sagen."

„Ich weiß, das klingt jetzt vielleicht wie eine etwas seltsame Frage, aber dieser Punkt scheint mir für Sie besonders wichtig zu sein. Ist das so? Und wenn ja, warum – abgesehen davon, dass es dem Patienten natürlich besser gehen soll?"

„Wissen Sie, das hat auch einen organisatorischen und nicht zuletzt wirtschaftlichen Aspekt. Der Betreuungsaufwand für einen Patienten, der sehr compliant ist und die Therapieanweisungen befolgt, ist sehr viel geringer als für die anderen, die das nicht tun. Und ein-, zwei- oder dreimal so hoher Betreuungsaufwand erhöht unsere Kosten dramatisch, meist ohne dafür mehr Honorar mit der Kasse verrechnen zu können." Er machte eine kurze Pause, um dann nachzusetzen „Und auch wenn es vielleicht auf den ersten Blick nicht so aussieht, aber wir sind sehr gut ausgelastet und mehr Aufwand pro Patient führt dazu, dass wir weniger Patienten betreuen können, was wiederum schlecht für die Patienten ist, die echte Probleme haben. Diese müssen dann länger auf einen Termin warten."

Corinna hatte den Eindruck, dass er das letzte Argument hinzugefügt hatte, um nicht den Anschein zu erwecken, nur auf den wirtschaftlichen Erfolg seiner Praxis und nicht so sehr auf das Wohl der Patienten ausgerichtet zu sein. Doch sie war lange genug in der Branche, um zu wissen, dass auch Ärzte mit eigener Praxis ihren Job nicht aus reiner Menschenliebe tun konnten, weil sie ihn sonst nicht sehr lange tun würden.

„Das heißt, Herr Dr. Steininger, wenn ein Medikament bzw. eine Behandlungsmethode besonders einfach anzuwenden ist und hohe Compliance bei den Patienten mit sich bringt, dann wenden Sie dieses bzw. diese eher an?"

„Ja, das ist ganz sicher so."

Corinna hatte den Eindruck, dass sie jetzt auf einer sehr interessanten Spur war. „Herr Dr. Steininger, wir haben ja bereits zwei- oder dreimal über unser neues Präparat gesprochen."

„Ja, ich erinnere mich."

„Wenn ich Ihnen nun zeige, dass einer der großen Vorteile davon eine einfache Anwendbarkeit und hohe Compliance bei den Patienten ist, würden Sie es dann öfter verschreiben?" Corinna glaubte sich zu erinnern, dass sie genau zu diesem Punkt schon einmal Zahlen gesehen hatte, die genau darauf hinwiesen. Es dauerte ein paar Sekunden, die ihr wie eine Ewigkeit vorkamen, aber sie blickte den Arzt an und schwieg einfach nur.

„Können Sie das belegen? Haben Sie Zahlen dazu?" Er wich Ihrer direkten Frage aus, war aber sichtlich interessiert.

„Ich schaue, was ich tun kann und melde mich bei Ihnen. Darf ich Sie heute oder morgen dazu anrufen?"

„Ja, machen Sie nur. Die Nummer der Praxis haben sie ja. Ich werde meiner Mitarbeiterin an der Rezeption gleich sagen, dass sie Sie durchstellen soll." Er blickte kurz auf die Uhr. Ein Wink für sie, dass ihre Gesprächszeit abgelaufen war.

Im Auto ließ sie das Gespräch nochmals Revue passieren und stellte sich ein paar Fragen dazu. „Wie war das Gespräch?" „Interessant", befand sie, „ungewöhnlich, da sie nicht ein Wort über das Präparat verloren hatte, aber definitiv interessant." „Bin ich vorangekommen bei diesem Arzt?" „Ein klares Ja." „Habe ich mein Gesprächsziel erreicht?" „Ein ebenso klares Ja." Sie hatte einen sehr relevanten Punkt bei Ihrem Kunden herausgefunden. Es ging ihm um Effizienz und Wirtschaftlichkeit bei der Wahl des Präparates und der Behandlung. Nicht, dass er da der Einzige wäre – das war ihr klar – aber so genau hatte sie das noch nie analysiert und herausgefunden. Sie hatte bisher immer vor allem über Ihr Präparat gesprochen und die Kunden manchmal damit sicher zugetextet und war wirklich froh, sich die Zeit genommen zu haben, um die wahren Beweggründe des Kunden herauszufinden. Auf der Basis, da war sie sicher, konnte sie aufbauen.

Auf der Fahrt zu ihrem nächsten Termin wollte sie das mit den Compliance-Zahlen gleich prüfen und rief im Marketing an.

„Jenny Locker, guten Tag", meldete sich die neue Kollegin, die aus der Niederlassung in Birmingham zu ihnen gekommen war. Ihr Deutsch war erstaunlich gut, wenngleich der britische Akzent unüberhörbar war.

„Jenny, sag mal, gab es da nicht irgendwelche Studien oder Zahlen, was die Compliance der Patienten in Bezug auf Novaxinal anging?"

„Mmmh, let me think", verfiel sie ins Englische, nachdem sie bemerkt hatte, dass Corinna dran war. „Yes, I think there was something. Let me check that. I will call you back."

"Ok, I will be in the car for the next 30 minutes or so. If you do not reach me, just leave me a message."

Es dauerte keine zehn Minuten und Jenny war wieder am Apparat und hatte sich daran erinnert, dass sie ihr Deutsch üben und verbessern wollte. „Ja, da gibt es eine kleine Studie, deren Ergebnisse darauf hinweisen, dass die Compliance der Patienten überdurchschnittlich hoch ist. Das hat gemäß der Studie damit zu tun, dass es die Patienten weniger oft einnehmen müssen und die Einnahme als weniger unangenehm empfunden wird. Nicht extrem signifikant, aber doch so, dass man es verwenden kann. Ich habe sie dir schon per Mail geschickt."

„Wow, das ging ja schnell. Danke dir."

Als Corina sich vor der nächsten Praxis, die sie besuchen wollte, einparkte, beschloss sie, die Informationen gleich an Dr. Steininger weiterzuleiten. Bei ihrem nächsten Termin war sie ohnehin unangemeldet und es war daher egal, ob sie etwas früher oder später hereingehen würde.

Sie überflog kurz die wichtigsten Ergebnisse der Studie und Jenny hatte recht gehabt. Nicht wahnsinnig aussagekräftig, aber verwendbar. Sie wählte die Nummer von Dr. Steininger. „Praxis Dr. Steininger", meldete sich die Ordinationshilfe schon nach einmal Läuten.

„Hallo, hier ist Corinna Peters von Palinxal. Ich war vor einer halben Stunde beim Herrn Doktor und sollte mich nochmal bei ihm melden."

„Ah ja, das hat er mir gesagt. Ich schaue gleich mal, ob er frei ist."

„Steininger", meldete sich der Arzt einen Moment später.

„Hallo Herr Doktor, ich habe mir wie versprochen die Zahlen bezüglich der Compliance Palinxal betreffend angesehen und schicke sie Ihnen gleich auch per E-Mail zu."

„Und was sagen die?"

„Es gibt eine Studie, die darauf hinweist, dass die Compliance der Patienten bei diesem Präparat höher ist als der Durchschnitt bei vergleichbaren. Besonders in der Altersgruppe ab sechzig Jahren zeigt sich der Unterschied deutlich. Wo liegen denn Ihre Patienten altersmäßig?"

„Die meisten sind älter, sechzig und darüber."

„Herr Doktor, wir hatten ja darüber gesprochen, dass Ihnen das besonders wichtig ist. Wenn die Ergebnisse der Studie das nun unterstützen, wie sieht es aus? Sind Sie bereit, mehr Patienten darauf einzustellen?"

„Nun, wenn Sie bzw. die Studie das sagen, dann will ich mir das gerne genauer ansehen", wich der Arzt Corinnas sehr gezielter Frage ein wenig aus.

Sie war entschlossen, ihn noch nicht von der Leine zu lassen. „Und gesetzt den Fall, Sie kommen zu denselben Schlüssen wie ich als ich die Studie gelesen habe, wie viele Patienten hätten Sie denn, für die das Präparat dann infrage kommt?"

„Genau weiß ich das nicht, aber zehn bis zwanzig etwa wären das schon. Aber ich würde sagen, Frau Peters, ich schau mir diese Studie genauer an und Sie melden sich in den nächsten Tagen nochmal."

„Ich führe offen gesagt solche Gespräche lieber persönlich als am Telefon. Wann darf ich denn nochmal vorbeikommen – nächste Woche oder lieber übernächste?" Sie erinnerte sich, dass Sie in Ihrer Verkaufsausbildung einmal etwas von einem Termintrichter gehört hatte. Man gab dem Kunden zwei Alternativen vor, ließ ihn eine wählen und machte dann dasselbe nochmal, bis der Termin fixiert war.

„Lieber Übernächste, zu Beginn."

„Montag oder Dienstag?"

„Montage sind bei uns meist sehr voll. Dienstag wäre besser."

„Vormittag oder Nachmittag?"

„Vormittag um zehn Uhr ginge."

„Also Dienstag, der 24. um zehn Uhr", fasste Corinna zusammen. „Ist eingetragen." „Yes", rief sie so laut, dass eine Frau, die gerade einen Kinderwagen an ihrem Auto vorbeischob, verwundert den Kopf zu ihr drehte. Corinna freute sich, dass sie mit diesem Kunden offenbar ein schönes Stück weitergekommen war. Voll Energie betrat sie drei Minuten später die Ordination ihres nächsten Kunden.

+++++

Es war ein guter Tag gewesen, ein sehr guter sogar und sie fühlte sich erschöpft, aber glücklich. Bei all den restlichen Gesprächen hatte sie sich ganz darauf konzentriert, tiefer gehend Fragen nach den Beweggründen ihrer Gesprächspartner zu stellen und das hatte – zwar nicht bei allen – aber doch bei einigen Interessantes zutage gefördert. Teilweise hatte sie überraschend Neues erfahren von bzw. über Kunden, die sie schon länger kannte und gut zu kennen geglaubt hatte.

Daraus hatten sich dann sehr gute Gespräche entwickelt, zumal auch die Kunden durch ihre Fragen teilweise Neues über sich erfahren hatten – so kam es Corinna zumindest vor.

Bei zwei bis drei weiteren hatte sie dadurch konkrete Ansatzpunkte gefunden, an denen sie Argumente bringen konnte, die für ihr Präparat sprachen und einer hatte ihr sogar hoch und heilig versprochen, bis zum nächsten Termin 5 bestehende Patienten auf Novaxinal umzustellen.

Corinna fragte sich, ob sie die ganze Zeit über auf dem sprichwörtlich falschen Dampfer gewesen war und deshalb eine so schwache Verkaufsperformance an den Tag gelegt hatte. Wobei, so völlig anders waren die Dinge, die sie durch das Lesen des Buches begonnen hatte zu tun, gar nicht. Von außen betrachtet führte sie wie bisher ihre Arztgespräche, stellte Fragen und beantwortete welche, präsentierte Studien und brachte Argumente. Doch wie so oft steckte der Teufel bzw. sein positives Gegenstück offenbar im Detail. Die scheinbar kleinen Änderungen, die sie nach und nach umgesetzt hatte, schienen teilweise doch große Auswirkungen zu haben. „Interessant", murmelte sie vor sich hin, während sie sich sehr satt vom Abendessen aufs Sofa fallen ließ, um im Buch ein Stück weiterzulesen. Sie war gespannt, was als Nächstes kam.

Mutig präsentieren

Wie bereits erwähnt, begehen viele Verkäufer den Fehler, viel zu früh in die Präsentation ihres Angebotes einzusteigen, manchmal gleich nach der Begrüßung. Das ist deshalb fatal, weil sie zu diesem Zeitpunkt noch zu wenig, manchmal gar nichts über den Kunden und seine Bedürfnisse wissen. Deshalb ist die Phase der Bedarfserhebung, die wir zuvor behandelt haben, so enorm wichtig.

Wenn Sie nicht wissen, was Ihr Kunde will bzw. braucht und vor allem auch was nicht und wie er „tickt" ist die Gefahr, bei der Präsentation Ihres Angebotes gleich in das erste Fettnäpfchen mitten hineinzusteigen, enorm hoch. Fettnäpfchen gibt es viele, sehr viele sogar. Sie lauern in jedem einzelnen Wort, das Sie sagen.

Der weiter vorne im Buch beschriebene Gesprächseinstieg mit dem Kondom ist ein gutes Beispiel dafür. Ein Großvater wider Willen findet diesen Gesprächseinstieg, wie erwähnt, wahrscheinlich nur mäßig unterhaltsam. Aber es müssen gar nicht diese extremeren, sehr mutigen Strategien sein, Fettnäpfchen lauern auch hinter vollkommen harmlos aussehenden Vorgehensweisen.

So hält es ein Verkäufer möglicherweise für eine großartige Sache, dass das Unternehmen, das er vertritt, weltweiter Marktführer ist und Niederlassungen in über fünfzig Ländern hat. Damit mag er bei vielen Kunden durchaus punkten. Beim kleinen Kunden im nächsten Ort ist aber genau das vielleicht ein K.o.-Kriterium für eine etwaige Zusammenarbeit. Der schätzt es nämlich, wenn die Lieferanten, mit denen er arbeitet, greifbarer sind als so ein internationaler Konzern.

Diesem Kunden gegenüber sollte der Verkäufer daher genau das Gegenteil tun, nämlich alles, was auf die Größe des Unternehmens hinweist, ausklammern und sich bemühen, eine möglichst persönliche Beziehung zum

Kunden herzustellen. Das Unternehmen selbst ist dann zwar groß (das lässt sich kaum verbergen), aber sehr flexibel, nahbar und persönlich geblieben. Immer noch liegt der Fokus darauf, für jeden einzelnen, auch kleinen Kunden erreichbar zu sein.

Wir vergessen oder übersehen ganz gerne, dass der Köder dem Fisch schmecken muss und nicht dem Angler. Was bedeutet das jetzt für Ihre mutigen Präsentationen? Bei aller Kreativität und allen ausgefallenen und für den Kunden überraschenden Vorgehensweisen bei Ihrer Produktpräsentation muss immer noch der individuelle Bedarf des Kunden im Mittelpunkt stehen. Bauen Sie nur jene Argumente oder Botschaften in Ihre Präsentation ein, die bei Ihrem Kunden auf offene Ohren stoßen und seine Bedürfnisse befriedigen. Welche das sind, wissen Sie, da Sie eine ausführliche Bedarfserhebung gemacht haben. Nur auf dieser Basis werden Ihre mutigen Präsentationsideen dann auch auf fruchtbaren Boden fallen und ihre Wirkung entfalten.

Tipps für mutige Präsentationen

Idealerweise ist Ihre Präsentation die Fortsetzung der Idee bzw. Strategie, mit der Sie in das Gespräch eingestiegen sind. Das heißt, dass sich die Schrauben und Muttern, die Kondome und Pillen oder auch das Maßband aus den Beispielen hier im Buch idealerweise wie ein roter Faden durch Ihr gesamtes Verkaufsgespräch ziehen, aber auch nicht unbedingt ziehen müssen.

Wie aber kommen Sie auf Ideen für mutige, kreative Präsentationen, die auffallen? Im Prinzip genauso wie auf Ideen für mutige Gesprächseinstiege. Um Ihre Kreativität, was die Umsetzung Ihrer Informationen und Botschaften in der Präsentationsphase eines Verkaufsgespräches angeht, anzuregen, können Sie wieder die beim Gesprächseinstieg besprochenen Kreativitätstechniken verwenden. Noch besser ist es, wenn Sie die kreativen Ideen, die sie dort damit hatten, in der Präsentation wieder aufgreifen und fortführen.

Wenn es darum geht, Ihr Produkt oder Ihre Leistung so vorzustellen und zu erklären, dass es die Aufmerksamkeit des Kunden fesselt und ihm vielleicht sogar ein „wow“ entlockt, ist eine Art Wissenschaft für sich.

Dazu wurden viele Bücher mit unzähligen Ideen verfasst, darunter sicher auch einige sehr gute. Das Gebiet auch nur halbwegs auszuloten, würde den Rahmen dieses Buches bei Weitem sprengen. Allerdings will ich Sie auch nicht allein lassen, wenn es darum geht, Ihre Präsentationen aus der Komfortzone hinauszubefördern. Daher folgen einige Tipps und Strategien, die Ihnen dabei helfen werden. Darüber hinaus finden Sie noch Buchempfehlungen mit dem Schwerpunkt „Präsentieren" auf der Ressourcenseite zu diesem Buch.

Nutzen Sie verschiedene ungewöhnliche Medien

Einer der Fehler, der in Präsentationen oft gemacht wird, ist es, diese mittels immer derselben Medien durchzuführen. Meistens sind das:

- PowerPoint
- ein Prospekt oder Katalog
- oder auch gar kein Medium außer dem gesprochenen Wort.

Damit erschöpft sich die Vielfalt an Präsentationsmedien meist auch schon. Oft wird das Medium auch während der Präsentation nicht gewechselt, was den monotonen Gesamteindruck noch verstärkt.

Wenn Sie das Glück haben, ein physisches Produkt zu verkaufen, das Sie dem Kunden einfach in die Hand geben bzw. selbst ausprobieren lassen können, dann kommen Sie noch gut davon. Sollte dieses sich nicht so einfach in die Hand geben lassen (weil es etwa zu groß oder auch zu gefährlich ist) oder auch nicht so einfach ausprobierbar ist, dann können Sie sich immer noch mit Miniaturen, Mustern oder Proben weiterhelfen.

Was aber, wenn Sie Dienstleistungen verkaufen – Gebäudereinigung, Bauplanung, Coaching, Ernährungsberatung oder Finanzberatung etwa? In diesem Fall müssen Sie deutlich kreativer sein.

Die beiden Regeln, die Ihnen helfen, mutig zu präsentieren, lauten in dem Punkt:

- Nutzen Sie ungewöhnliche Medien und
- wechseln Sie die Medien während der Präsentation.

Was sind ungewöhnliche Medien? Das könnten Sie sich an dieser Stelle vielleicht fragen. Ein paar Vorschläge bzw. Ideen dazu:

- Spielkarten, auf die Sie Teile Ihrer Botschaften schreiben und einzeln besprechen – Punkt für Punkt. Am Ende hat der Kunde einen ganzen Stapel Spielkarten vor sich liegen.
- Ein Notizbuch, in dem sich – Seite für Seite – Ihre Präsentation befindet. Sie präsentieren, indem Sie das Buch mit dem Kunden durchblättern. Die Präsentation kann darin gedruckt oder – wenn der Aufwand in Ihrem Fall

dafürsteht – auch per Hand geschrieben bzw. gezeichnet sein. Grafische Perfektion ist dabei kein Muss (wenngleich die Rechtschreibung natürlich korrekt sein muss, wenn Sie die Präsentation per Hand verfasst haben). Im Gegenteil, eine Präsentation, die nicht perfekt ist, wirkt oft viel persönlicher und individueller. Auch das Notizbuch können Sie am Ende beim Kunden lassen. Das wandert nicht so rasch in den Abfallkorb – versprochen.

- Ein Flipchart ist zwar per se nicht sehr ausgefallen, kann aber durchaus auffallen, wenn es in Branchen oder Situationen verwendet wird, wo es ungewöhnlich und unerwartet ist. Wenn alle anderen Verkäufer – z.B. im Rahmen eines Tages, an dem mehrere Anbieter Ihre Angebote hintereinander vorstellen – Ihre Pflichtübung per PowerPoint absolvieren und die Kunden mit Informationen zuschütten – kann es erfrischend anders sein, wenn Sie sich mutig auf ein paar Zeichnungen und Worte beschränken, die Sie auf ein Flipchart malen.
- Kennen Sie Tischflipcharts? Nein? Dann stellen Sie sich ein nach außen gedrehtes Ringbuch vor, das mit den Ringen nach oben wie ein Dach auf dem Tisch steht. Die Blätter, die meist in Klarsichthüllen stecken, können Sie dann im Zuge Ihrer Präsentation von vorne nach hinten umblättern. Zugegeben, Tischflipcharts sind aus der Mode gekommen (wenn sie überhaupt je in Mode waren) und werden selten eingesetzt. Genau deshalb könnten sie aber interessant sein, weil sie genau deshalb möglicherweise auffallen.
- Nur reden kann, wenn es üblich ist, mit PowerPoint Präsentationen zu arbeiten, eine erfrischend andere Art sein zu präsentieren. In dem Fall sollte die Art und Weise, wie Sie rein verbal präsentieren, aber auch hervorragend sein. Es empfiehlt sich, mit Worten die Bilder zu malen, die sie sonst auf PowerPoint gezeigt oder auf einem Flipchart gezeichnet hätten. Storytelling, das Verpacken Ihrer Botschaften und Informationen in Geschichten, ist in diesem Fall besonders empfehlenswert.

Doch auch die ungewöhnlichsten Präsentationsmedien können langweilig werden, wenn während der gesamten Präsentationsphase nur eines eingesetzt wird. Abwechslung ist daher angesagt. Bereiten Sie daher zum Beispiel die Agenda auf einem Flipchart vor, starten Sie mit den Informationen auf den Spielkarten und arbeiten Sie zwischendurch immer wieder mit einem Prospekt und Materialmustern.

+++++

Corinna setzte das Buch kurz ab. Auf den letzten Seiten hatte sie schon wieder etliches gelesen, worüber sie kurz nachdenken und das sie sich markieren wollte. Es stimmte schon, die Art, wie sie ihre Informationen an den Kunden brachte, war immer dieselbe. Wenn sie eine Studie herzuzeigen hatte, dann tat sie das anhand des Ausdrucks einer Broschüre, die das Marketing dafür erstellt hatte, oder – in letzter Zeit immer öfter – ein paar Slides am Pad. All das war zwar inhaltlich fundiert und an sich so präsentiert, dass es verständlich war, aber alles absolut im üblichen Bereich – in der Komfortzone, würde der Autor sagen. In den meisten Fällen war es zu viel Information. Weniger wäre oft mehr, fand sie, doch weglassen braucht Mut.

Da war selten bis nie etwas dabei, was dazu angetan war, wirklich aufzufallen oder hängen zu bleiben.

Natürlich konnte sie genauso weiter präsentieren wie bisher. Niemand würde ihr diesbezüglich irgendetwas vorwerfen. Gleichzeitig wusste sie, dass sie eine Veränderung brauchte, um die Umsätze in ihrem Gebiet rascher wachsen zu lassen.

Ein paar der in den vorhergehenden Absätzen vom Autor vorgeschlagenen Medien erschienen ihr etwas altmodisch in einer Zeit, in der alles rasant digitaler wurde. Doch vielleicht war genau das der Punkt. Die Welt, zumindest jene, in der sie sich die meiste Zeit über bewegte, war inzwischen in vielen Bereichen so digital geworden, dass etwas Analoges schon wieder erfrischend anders sein konnte.

Aber was? Noch hatte sie keine der Ideen so gepackt, dass sie diese umsetzen würde. Sie beschloss weiterzulesen. Vielleicht kam ja noch etwas, das perfekt für ihre Situation einsetzbar war.

+++++

Arbeiten Sie mit physischen, angreifbaren Hilfsmitteln

Wenngleich die Präsentationsmedien, die wir soeben besprochen haben, natürlich auch physisch sind und manche davon auch für die Kunden angreifbar, können Sie natürlich noch deutlich weiter gehen, was physisch und angreifbar betrifft. Wie erwähnt ist hier das Einfachste und Naheliegendste, wenn Sie mit dem Produkt selbst, Teilen davon oder Materialmustern arbeiten – wenn Sie ein physisches Produkt haben.

Für alle Arten von Dienstleistungen haben wir im Rahmen des mutigen Gesprächseinstieges bereits ein paar Ideen generiert, die Sie hier wieder aufgreifen können. Im Grunde geht es in der Präsentation darum, Ihre Dienstleistung selbst, die (Aus)Wirkung der Dienstleistung (z.B. Fitnesstraining, Kosmetikbehandlung etc.) oder die Botschaften, die Sie vermitteln wollen, durch physische Dinge direkt oder symbolhaft darzustellen. Die Möglichkeiten sind unendlich, daher nachfolgend nur ein paar Ergänzende (zu denen vom Gesprächseinstieg), um die Idee klarer zu machen:

- Ein zerknittertes Papier oder ein Stoff, der in Falten liegt, kann für faltige Haut stehen
- Ein Cryptex (eine codierte Rolle, wie sie im Buch bzw. Film „Der Da Vinci Code vorkommt") kann ein IT-Security-System bzw. eine Firewall darstellen
- Ein Baumeister könnte bestimmte Sachverhalte bzw. Details beim Bau eines Hauses mit Legosteinen darstellen.

Bei all der Kreativität, die Sie speziell dann, wenn Sie gerade beginnen, darüber nachzudenken, keinesfalls einschränken sollten, gilt es dann in einem nächsten Schritt ein sehr scharfes Auge darauf zu haben, dass das, was Sie in Ihre Verkaufspräsentation einbauen wollen, auch einfach umsetzbar und in einem normalen Gespräch auch praktikabel ist. Schließlich geht es immer noch um ein Verkaufsgespräch und nicht um eine Verkaufsshow.

Stellen Sie Ihre Ideen auf den Prüfstand und stellen Sie sich folgende Fragen in Bezug darauf, Ihre Ideen nicht nur einmalig, sondern immer wieder bei jedem Verkaufsgespräch einzusetzen:

- Ist die Idee kostengünstig genug, um sie oft einzusetzen? (Bei einmaligen, speziellen Verkaufspräsentationen können Sie natürlich mehr Aufwand treiben.)
- Sind die Hilfsmittel leicht transportabel, am besten in Ihrer Tasche (wenn Sie Kunden besuchen)?
- Ist die Idee nicht nur kreativ und mutig, sondern passt sie auch sehr gut zu Ihrem Produkt und Ihrer Botschaft?
- Passt die Idee auch zu Ihnen und dem Image, das Sie ausstrahlen wollen?

Nur Ideen, bei denen die Antwort auf alle diese Fragen JA lautet, sollten Sie einsetzen.

Beziehen Sie Ihren Kunden mit ein

Optimal ist es natürlich, wenn Sie die Wirkung Ihrer Leistung vor den Augen des Kunden demonstrieren können, vielleicht sogar am Kunden selbst. Wenn das relativ einfach und rasch machbar ist, dann sollten Sie solche Demonstrationen unbedingt in Ihre Präsentation einbauen. Das könnte bei einem Masseur oder einer Kosmetikerin zum Beispiel gut passen und funktionieren.

Wenn Sie es schaffen, den Kunden wie bei Demonstrationen miteinzubeziehen, ist das grundsätzlich eine gute Sache. Im einfachsten (aber nicht sonderlich mutigen) Fall stellen Sie ihm im Gespräch Fragen und schaffen so, dass die Beziehung interaktiv wird. Das ist gut, aber meist noch tief in der Komfortzone.

Sie können mehr machen. Geben Sie Ihrem Kunden Dinge in die Hand. Lassen Sie ihn etwas schmecken, riechen, fühlen und ausprobieren. Lassen Sie ihn raten und rechnen. Veranstalten Sie ein kleines Quiz, das sich auf Ihr Angebot bezieht, bei dem es am Ende vielleicht sogar etwas zu gewinnen gibt und sei es nur die Erkenntnis.

Visualisieren Sie auf bildhafte Art

Speziell, wenn es in Ihrer Branche viele Zahlen, Daten und Fakten gibt, die in einem Verkaufsgespräch sinnvoll eingesetzt werden können, ist dieser Punkt besonders wichtig. Um das Maximum an Wirkung mit diesen Informationen beim Kunden zu erzielen und dafür zu sorgen, dass er sich auch an sie erinnert, ist es sehr effektiv, diese auf bildhafte Art darzustellen.

Bei bildhaft denken viele an Bilder und das ist auch gar nicht verkehrt, aber definitiv nicht die einzige Möglichkeit. Grundsätzlich haben Sie dabei folgende Varianten zur Auswahl:

- Ein fertiges Bild – dieses kann eine Zeichnung sein, die Sie per Hand gemacht haben, eine am Computer erstelle Grafik oder auch ein Foto.
- Ein Bild, das Sie vor den Augen des Kunden zeichnen – am Flipchart oder auch auf einem Block (auch Pencil-Selling genannt).
- Ein Video, das aufbereitete Daten in animierter Form zeigt oder auch eine (emotionale) Geschichte erzählt.

- Ein physisches Produkt oder auch mehrere, die Ihre Informationen darstellen.
- Eine Demonstration bzw. Vorführung an einem Objekt oder auch am Kunden selbst.

Alle diese Möglichkeiten werden bereits genutzt, manche in manchen Branchen auch intensiv. So arbeiten Fitnesstrainer, aber auch etwa Social Media (in Form von Fotos des Klienten) oder SEO-Experten (in Form einer Grafik, die Kerndaten gegenüberstellt) mit vorher/ nachher Vergleichen. Das ist etwas, das sich sicher auch in vielen anderen Branchen einsetzen lässt, vor allem dort, wo Sie das Ergebnis nicht sofort demonstrieren können.

Wie Sie an den Möglichkeiten der bildhaften Darstellung sehen, wird das Ergebnis umso wirksamer, je besser Sie es schaffen, alle Impulse für mutige Präsentationen in Ihren Präsentationen zu vereinen:

- Nutzen Sie verschiedene ungewöhnliche Medien
- Arbeiten Sie mit physischen, angreifbaren Medien
- Beziehen Sie Ihren Kunden mit ein
- Visualisieren Sie auf bildhafte Art

Zusammenfassend ist zu sagen: Es ist nicht sehr schwierig, passende gute Ideen für mutige Präsentationen zu generieren. Das ist etwas, was in absolut jeder Branche – selbst in den traditionellsten und verstaubtesten (gerade da ist es einfacher aufzufallen) – umsetzbar ist. Es braucht ein wenig Kreativität und Vorbereitung und dann vor allem ein wenig Mut, Ihre präsentatorische Komfortzone ein Stück zu verlassen.

+++++

Corinna klappte das Buch zu. Sie hatte das Gefühl, Zeit zu brauchen, um darüber nachzudenken. Die Fragen nach den Beweggründen des Kunden waren relativ einfach umzusetzen. Diese waren vorformuliert und die musste sie nur nehmen, so wie sie waren und dem Gesprächspartner stellen. Dafür brauchte es ein wenig Mut, aber keine Kreativität.

Jetzt war sie allerdings in einem Teil des Verkaufsgespräches angelangt, wo sie eine oder auch mehrere gute Ideen benötigte. Im Buch waren zwar ein paar Anregungen drinnen, aber die Ideen, die genau für ihre Situation und ihr

Produkt passten, musste sie wohl oder übel selbst finden.

Sie überflog die letzten paar Seiten nochmals auf der Suche nach etwas, worauf sie aufbauen konnte. Es durfte auch nicht allzu weit außerhalb der Komfortzone sein. Das würde Ihre Mutreserven überfordern, ganz zu schweigen von ihren Kunden. Ärzte waren tendenziell ein eher konservatives Zielpublikum. Bei den Jüngeren begann sich das zwar zu ändern, doch sie hatte relativ viele Alteingesessene in ihrem Gebiet. Außerdem war es gerade in ihrer Branche besonders wichtig, die teilweise sehr engen gesetzlichen Bestimmungen und die Compliance sehr genau zu beachten.

Das vom Autor erwähnte Pencil Selling, etwas für den Kunden im Gespräch aufzuzeichnen, hatte etwas, fand sie. Das würde sie sich zutrauen und das war auch nicht so extrem, dass sich einer ihrer Kunden etwa daran stoßen würde. Sie konnte sich erinnern, dass sie das in einem früheren Job schon einmal eine Zeit lang eingesetzt hatte. Irgendwie hatte sie es wieder aus dem Blick verloren und es war in Vergessenheit geraten.

Weit außerhalb der Komfortzone war es auch nicht, wie sie fand, aber für einen ersten Schritt, einen ersten Versuch, etwas anderes zu tun als die nullachtfünfzehn Gespräche abzuspulen wie bisher weit genug. Sie konnte später, wenn sie mutiger war und das schon mehrfach umgesetzt hatte, ja einen oder zwei Schritte weitergehen. Wichtig war, dass sie jetzt erst einmal damit begann.

Während sie so darüber nachdachte, hatte sie plötzlich eine Idee und wusste, was und wie sie es tun würde und sie hatte auch schon das perfekte Versuchskaninchen dafür.

+++++

Eine kleine Bitte

Sie haben nun ein schönes Stück des Buches gelesen. Ich hoffe, es ist bereits der eine oder andere Impuls dabei, mit dem Sie bereits Ihr nächstes Kundengespräch etwas mutiger gestalten können. Idealerweise haben Sie das sogar bereits erfolgreich gemacht. In diesem Fall gratuliere ich besonders. Im Grunde würde es sogar reichen, wenn Sie nur zwei oder drei Strategien, die Ihnen besonders wichtig und gut umsetzbar erscheinen, auch anwenden. Allein dadurch haben Sie sehr wahrscheinlich schon mehr gewonnen, als Sie in das Buch investiert haben. Das ist der Vorteil an guten Verkaufsbüchern: Sie rechnen sich ganz rasch und leicht.

Für mich als Autor ist es wichtig, zu erfahren, wie meinen Lesern das Buch gefällt. Basierend auf Leserkommentaren überarbeite ich meine Bücher immer wieder, um sie für meine Leserinnen und Leser noch gehaltvoller und praxisnäher zu machen. Wenn Sie also eine zusätzliche Idee aus Ihrer Praxis einbringen wollen, senden Sie mir einfach eine E-Mail an *service@romankmenta.com.*

Natürlich würden Sie mir sehr helfen, wenn Sie auch auf Amazon bzw. der Plattform, auf der Sie das Buch erworben haben, eine Rezension hinterlassen. Würden Sie das für mich tun? – Wenn ja, dann machen Sie es gleich, wenn Sie meinen, dass Sie bereits genug gelesen haben, um eine kurze Rezension verfassen zu können. Wenn Sie das Buch erst zu Ende lesen wollen, bevor Sie Ihre Rezension schreiben, dann freut mich das natürlich genauso. In jedem Fall: Vielen herzlichen Dank dafür!

Warum ich diese Bitte jetzt schreibe und nicht am Ende des Buches? Die Erfahrung zeigt, dass so etwas ganz am Ende schnell übersehen wird. Und jetzt: Seien Sie gespannt darauf, wie es weitergeht.

+++++

Das Versuchskaninchen, an das sie gedacht hatte, war Dr. Eisenstock, der am nächsten Tag, einem Freitag, als erster auf ihrem Terminkalender stand. Zu ihm hatte sie eine sehr gute Beziehung. In der Praxis war öfter mal nicht so viel los, was ihm gar nicht unrecht war, wie er schon mehrmals betont hatte. Er war knapp vor der Rente und würde die Praxis ohnehin in ein paar Monaten schließen. Nachfolger hatte er keinen gefunden, auch deshalb nicht – wie Corinna dachte – weil er sich keine sonderlich große Mühe gegeben hatte.

Eigentlich sollte sie ihn gar nicht mehr besuchen, da das zukünftige Umsatzpotenzial gleich null war, aber sie mochte ihn und schaute an und ab vorbei. Auch er genoss die Gespräche mit ihr, hatte sie den Eindruck. Bei ihm konnte sie ein paar Ihrer neuen Ideen, die sie sich – inspiriert von ihrer Lektüre – überlegt hatte, vollkommen gefahrlos ausprobieren. Sie gab sich zwar nicht der Hoffnung hin, bei Dr. Eisenstock noch irgendetwas bewegen zu können, was seine Verschreibungen anging, aber zum „Üben" war er ideal.

„Guten Morgen, Herr Doktor." Mit Elan und einem Lächeln auf den Lippen betrat sie den Behandlungsraum.

„Guten Morgen, Fräulein Peters", empfing er sie ebenso lächelnd. „Na, Sie bringen aber Schwung hier herein. Den können wir gut gebrauchen." Das „Fräulein" erschien Corinna zwar verstaubt und altmodisch, hatte aber auch etwas Charmantes und passte perfekt zu Dr. Eisenstock. „Wollen Sie einen Kaffee?"

„Sehr gerne, Herr Doktor."

„Bitte nehmen Sie Platz." Er wies mit einer einladenden Geste auf den Stuhl an der schmalen Seite seines Tisches. „Was bringen Sie denn heute Schönes mit?"

„Eigentlich wollte ich mit Ihnen diese Studie durchgehen." Sie wedelte dabei mit ein paar Blättern bedrucktem Papier. „Sie zeigt, dass die Compliance der Patienten mit unserem Präparat deutlich besser ist als mit einigen der anderen. Das bedeutet letztlich bessere Behandlungserfolge und weniger Arbeit für Sie.

„Mmmh, wenn es den Patienten besser geht, ist das immer gut. Was die Arbeit hier betrifft, so muss ich sagen, dass wir das schon hinbekommen. Wie Sie sehen, ist die Ordination nicht mehr gesteckt voll. Es hat sich bereits herumgesprochen, dass ich bald in Rente gehe. Neue Patienten nehme ich ohnehin keine mehr auf und die bestehenden haben begonnen, sich einen anderen Arzt zu suchen, was mir – nebenbei bemerkt – gar nicht unrecht ist."

„Das habe ich mir auch gedacht. Außerdem habe ich im Warteraum zufällig ein Gespräch zweier Patientinnen mitgehört, die zufällig beide an Diabetes Typ II leiden. Da ist mir so richtig bewusst geworden, dass man aufpassen muss, bei all den Studien und Zahlen nicht den Blick auf das zu verlieren, was wirklich wichtig ist: die Patienten. Schließlich geht es nicht um wissenschaftliche Erkenntnisse – wenngleich diese wichtig sind – sondern um die Menschen." Sie schwieg einen Moment lang, um die Wirkung Ihrer Worte demonstrativ zu verstärken und blickte ihm dabei fest in die Augen.

Kurz überlegte sie, ob sie das tatsächlich tun sollte, doch dann nahm sie all ihren Mut zusammen und zerriss die ausgedruckte Studie vor den Augen des Arztes zweimal. Sollte sie noch eins draufsetzen und die Papierstücke demonstrativ hinter sich werfen? Das erschien ihr aber dann doch zu übertrieben, zumal es die Studie gewissermaßen abgewertet hätte und das war auch nicht Sinn und Zweck der Aktion. So steckte sie die zerrissenen Blätter einfach in ihre Tasche. Der Arzt wirkte leicht verwirrt und zog verwundert die Augenbrauen hoch.

„Daher möchte ich heute mit Ihnen über Ihre Diabetes-Patienten sprechen und darüber, wie ich und unser Präparat Sie dabei unterstützen können, diesen zu helfen."

„Ja, gerne ...", antwortete der Arzt immer noch verwirrt über die Aktion mit dem Zerreißen.

„Die beiden Frauen im Warteraum haben darüber gesprochen, dass ...", setzte Corinna fort. Was sich daraus entspann, war ein Gespräch, das deutlich tiefer ging als alle ihre vorherigen Gespräche mit dem Arzt. Erstmals hatte sie das Gefühl, nicht nur zu ihm, sondern mit ihm zu sprechen. Sie diskutierten verschiedene Patientenfälle und deren Beschwerden, die sich aus der Erkrankung ergaben und ihren Alltag erschwerten. Corinna schaffte es, ihr Präparat als etwas ins Spiel zu bringen, dass den Patienten half, einen deutlich beschwerdefreieren Alltag zu haben und ihr Leben mehr zu genießen, ohne dabei zu verkäuferisch aufzutreten.

Nach einer knappen halben Stunde blickte sie auf die Uhr. Sie musste zu ihrem nächsten Termin. Dr. Eisenstock war zwar nie von der Sorte Arzt gewesen, bei dem sie in 5 Minuten wieder raus war, aber so lange war sie noch nie bei ihm gewesen. Sie signalisierte, dass sie weiter musste.

„Also, wenn ich meine Praxis nicht in Bälde schließen würde, dann würde ich noch viele Patienten mit Novaxinal behandeln. Heute haben Sie mich überzeugt, Frau Peters, und ich bin sicher, dass ich auch jetzt in der kurzen Zeit, die mir bleibt, noch den einen oder anderen Patienten auf ihr Präparat umstellen werde.

Corinna war mehr als überrascht. Damit hatte sie nicht im Entferntesten gerechnet. „Wie die beiden Patientinnen im Warteraum zum Beispiel?", fragte sie nach.

„Ja, die beiden würden gut in das Patientenbild passen, das wir besprochen haben", bestätigte der Arzt. „Und könnte ich die Studie trotzdem noch haben?", fügte er mit einem Augenzwinkern hinzu.

„Ja, natürlich gerne. Ich schicke sie Ihnen zu. Das Exemplar hier ist ja nicht mehr brauchbar", antwortete Corinna lächelnd, während sie aus der Praxis hinaus schwebte.

Angespornt durch ihren Erfolg bei Dr. Eisenhart verwendete Corinna den Einstieg mit dem Zerreißen der Studie noch zweimal an diesem Tag. Beide Mal erntete sie Erstaunen, aber keiner der Gesprächspartner reagierte irgendwie negativ und beide ließen sich dann auf ein intensives Gespräch über Patienten ein. Corinna hatte den Eindruck, dass der unerwartete Gesprächseinstieg die normalen Muster der Ärzte wie ein Gespräch mit einer Pharmareferentin abzulaufen hatte, unterbrach und einen freien Raum für das Gespräch schaffte, das sie führen wollte.

Beide waren am Ende Novaxinal gegenüber positiv – einer verschrieb es vorher bereits, wenn auch sehr selten, der andere noch nicht. Wenngleich sie bei diesen beiden Ärzten nicht dieselbe durchschlagende Wirkung erzielen konnte wie bei Dr. Eisenstock, so war sie dennoch ein gutes Stück vorangekommen und hatte etwas geschaffen, auf dem sie beim nächsten Besuch aufbauen konnte.

Erschöpft, aber zufrieden mit ihrem Tageswerk, ließ sich Corinna aufs Sofa fallen. Über das Abendessen brauchte sie sich keinen Kopf zerbrechen, Marc würde sie in zwei Stunden abholen. Eine Stunde für Duschen, Haare machen und Schminken eingerechnet blieb ihr noch eine Stunde, um ein wenig zu entspannen und in ihrem Buch weiterzulesen.

+++++

Einwände mutig behandeln

Einwände sind für die meisten Verkäufer täglich Brot in Ihren Kundengesprächen. Fast immer gibt es etwas zu kritisieren, beeinspruchen, kritisch zu hinterfragen oder auch ganz anders zu sehen. Die Bandbreite von Einwänden Ihrer Kunden kann von ganz sanft – eine zaghafte Nachfrage – bis hin zu sehr massiv – ein selbstbewusst vorgetragenes Gegenargument – reichen. Kennen Sie das? Vermutlich.

Auch Einwänden können Sie entweder tapfer und recht traditionell begegnen oder aber auch auf ganz andere, unübliche Art und Weise mutig.

Die tapfere Einwandbehandlung

Einwände werden von den meisten Verkäufern so behandelt, dass zu dem Argument des Kunden ein passendes Gegenargument geliefert wird. Man versucht, den Einwand zu entkräften. Bisweilen gelingt das auch, ohne dass es eine große Sache wäre und das Verkaufsgespräch kann weitergehen. Vor allem bei eher schwachen Einwänden, oft in Form von Fragen „Ja bedeutet das dann nicht, dass ...?", die der Verkäufer zufriedenstellend beantwortet, wird er mit dieser Methode durchaus erfolgreich sein.

Oft wird das aber auch nicht gelingen und der Kunde ist nicht überzeugt, beharrt auf seinem Standpunkt und vergräbt sich nur noch tiefer in seine Position. Der Verkäufer, der vielleicht auch nicht lockerlässt, weil er ja weiß (oder glaubt zu wissen), dass er recht hat, macht dasselbe. Die beiden drehen so im schlimmsten Fall einige Runden und sind dann so tief in ihre jeweiligen Standpunkte vergraben, dass keiner mehr heraus kann. Die ganze Situation ist festgefahren.

Wenn es der Verkäufer aber tatsächlich schafft und sein Argument das des Kunden schlägt und der Kunde das wohl oder übel zugeben muss, dann ist das nicht wirklich besser. Der Verkäufer hat gewonnen, der Kunde hat verloren. Wie fühlt sich der Kunde? Richtig, nicht gut.

Mag er den Verkäufer nun lieber als vorher? Vermutlich nicht. Ist ein Abschluss wahrscheinlicher geworden? Eher im Gegenteil.

+++++

Corinna hielt kurz inne. Der Gedanke hatte etwas. Auch sie war davon ausgegangen, dass Einwände mit fachlich fundierten Gegenargumenten entkräftet werden müssten. So hatte sie es auch schon in der einen oder anderen Verkaufsschulung gelernt. „Ja, aber ...". Das JA, um die Kundenaussage zu bestätigen - scheinbar, wie sie fand - und das ABER, um dann ein Gegenargument zu bringen und ihn so von der eigenen Sichtweise zu überzeugen.

Aus eigener, teilweise leidvoller Erfahrung wusste sie, dass das nur selten wirklich gut klappte und des öfteren tatsächlich - wie sie es in dem Buch soeben gelesen hatte - in ein Gerangel ums recht haben ausartete.

Sie war neugierig, welche Alternativmethoden sie jetzt wohl kennenlernen würde.

+++++

Die mutige Einwandbehandlung

Daher habe ich Ihnen ein paar Methoden mitgebracht, um ganz anders mit Einwänden umzugehen. Alle drei sind ein wenig ungewöhnlich insofern, dass diese in den meisten Verkaufsgesprächen nicht verwendet werden. Man braucht - gemäß der Leitlinie dieses Buches - ein wenig mehr Mut auf diese Arten mit Kundeneinwänden umzugehen.

Vorweg: Wie immer im Zusammenhang mit Gesprächstaktiken sind diese sehr situationsabhängig einzusetzen. Es passt sicher nicht jede Technik zu jeder Gesprächssituation. Das gilt auch für die folgenden Vorgehensweisen bei der Einwandbehandlung. Doch auch wenn die eine oder andere Technik auf den ersten Blick für Sie nicht zu passen scheint, so ist diese doch einen zweiten Blick wert. Oft können Sie den Grundgedanken der Technik heranziehen und die Vorgehensweise so adaptieren, dass diese auch für die Fälle, wo Sie sie einsetzen wollen, gut passend und auch in Ihrer Praxis einsetzbar ist. Daher formuliere ich die folgenden Vorgehensweisen als Grundgedanken.

Auch hier werden Sie wieder feststellen, dass diese Grundgedanken und die darauf basierenden Vorgehensweisen nicht überschneidungsfrei sind, sondern sich vielmehr oft auch in Kombination sehr gut einsetzen lassen.

Grundgedanke #1 – Zustimmen statt gegenargumentieren

Wie schon zu Beginn dieses Abschnittes erwähnt, ist unser gleichsam angeborener Impuls als Reaktion auf Einwände jener dagegen zu argumentieren. Der erste mutige Grundgedanke als Alternative dazu ist, genau das Gegenteil zu tun. Anstatt dagegen zu argumentieren, geben Sie dem Kunden recht.

Das macht nicht bei allen möglichen Einwänden eines Kunden Sinn. Wenn der Kunde zum Beispiel sagen sollte:

- „Dasselbe gibt es beim Mitbewerb um die Hälfte."
- „Ich habe gehört, das hält nicht lange und löst sich bald in seine Einzelteile auf."
- „Die Farbe ist potthässlich und passt so gar nicht in mein Wohnzimmer."

Das sind Aussagen, bei denen Sie diese Methode vermutlich nicht standardmäßig anwenden sollten.

Bei Einwänden wie:

- „Das ist aber schon sehr hochpreisig."
- „Das Produkt ist sehr viel schwerer als ich dachte."
- „Eigentlich wollten wir ja nur 1 Woche Rundfahrt machen."

hingegen kann es sehr produktiv sein, dem Kunden einfach nur zuzustimmen und sich gar nicht auf eine Diskussion einzulassen.

Einwände, bei denen diese Vorgehensweise oft sehr zielführend sein kann, sind:

- Schwache Einwände
- Einwände zu Punkten, die man auch positiv sehen kann (welche Vorteile hat es denn, dass das Produkt schwer ist)
- Einwände, die sich nicht einfach oder auch gar nicht aus der Welt schaffen lassen

Bei dieser Art von Kundeneinwänden können Sie diese Vorgehensweise in der Praxis oft sehr gut einsetzen.

Grundgedanke #2 – Fragen statt argumentieren

Eine zweite Variante auf Kundeneinwände zu reagieren, ist es, Fragen zu stellen, statt mit eigenen Argumenten gegenzuhalten. Auch das widerspricht den natürlichen bzw. auch angelernten Impulsen der meisten Verkäufer.

Doch Fragen stellen als Reaktion auf einen Einwand ist mehr als eine Gesprächstechnik. Einwände sind oft sehr unspezifisch formuliert: „Ich weiß nicht so recht", „das ist aber schon recht viel" oder auch „groß ist der aber nicht", um nur ein paar Beispiele zu nennen. Was wissen Sie als Verkäufer bei Einwänden dieser Art von Ihren Kunden? Vielleicht nicht nichts, aber definitiv nicht genug, um auf den Einwand inhaltlich reagieren zu können. Daher dienen Fragen an dieser Stelle auch dazu, weitere Informationen zu erhalten und den Einwand damit zu konkretisieren.

Ein paar Beispiele von Fragen, die Sie hier sehr gut einsetzen können:

- „Was wissen Sie nicht so recht?"
- „Wie viel zu viel?"
- „Was genau meinen Sie mit groß ist der nicht?"
- „Könnten Sie das für mein Verständnis genauer erläutern?"

Formulierungen gibt es viele. Verwenden Sie gerne Ihre eigene, Hauptsache Sie stellen Fragen.

Grundgedanke #3 – Gegenangriff

Die dritte Variante im Umgang mit Einwänden, auf die ich kurz eingehen möchte, ist der Gegenangriff, der ja bekanntlich die beste Verteidigung ist. Diesem Grundgedanken folgend gibt es eine Reihe von Strategien. Auf eine davon möchte ich hier im Speziellen eingehen, weil sie – wenn sie gut vorbereitet ist – für den Kunden sehr unerwartet und daher sehr wirkungsvoll sein kann.

Der Kunde erwartet als Reaktion auf seinen Einwand im Normalfall genau das, was viele Verkäufer auch machen: eine simple Antwort (bei einfachen Einwänden in Frageform) oder ein Gegenargument. Was er nicht erwartet und was ihn daher unvorbereitet und überraschend trifft, ist, wenn Sie als Verkäufer seinen Einwand, der gegen Ihr Angebot spricht, umdrehen und als

Argument für Ihr Angebot nutzen. Diese Strategie ist ein wenig wie das vorhin beschriebene Zustimmen, nur geht sie noch einen Schritt weiter.

Ein paar Beispiele dazu, um zu verdeutlichen, was genau damit gemeint ist:

- Kunde: „Die Lieferzeit für den Pool ist aber schon lange."
- Verkäufer: „Genau. Damit haben Sie die Zeit, die Sie brauchen, um die Grube dafür auszuheben und in Ihrem Keller für die Pooltechnik Platz zu schaffen."
- Kundin: „Wow, das Kleid kostet aber richtig Geld."
- Verkäuferin: „Genau. Und damit ist die Wahrscheinlichkeit hoch, dass Sie die Einzige sein werden, die es auf dieser Veranstaltung trägt."
- Kunde: „3 Tage ist schon lange für das Seminar. Meine Mitarbeiter sollen schließlich auch noch verkaufen."

Trainer: „Genau deshalb dauert es 3 Tage. Damit haben wir ausreichend Zeit, um die Strategien auch intensiv zu üben und können so sicherstellen, dass Ihre Mitarbeiter auch mehr verkaufen."

Damit werden die scheinbaren Nachteile aus Kundensicht plötzlich zu Vorteilen.

Solche Arten von Reaktionen werden oft als schlagfertig empfunden. Auf Ihre Schlagfertigkeit sollten Sie sich allerdings in diesem Zusammenhang nicht verlassen. Es ist eher unwahrscheinlich, dass Ihnen in so einer Situation im Verkaufsgespräch eine wirklich gute Antwort einfällt. Vielmehr würde ich Ihnen empfehlen – wenn Sie diese Art der Einwandbehandlung einsetzen wollen – mögliche Antworten gut zu überlegen und vorzubereiten. Diese können Sie dann allerdings sehr schlagfertig wirken lassen.

Grundgedanke #4 – Rollentausch

Verkäufer sitzen oft dem grundlegenden Irrtum auf, dass sie Einwände des Kunden lösen müssen. Muss das tatsächlich so sein? Viele Einwände ließen sich genauso gut vom Kunden selbst beantworten bzw. lösen. Das hat darüber hinaus den Vorteil, dass die Lösungen, die der Kunde bringt, von ihm selbst meist viel leichter akzeptiert werden. Warum also nicht den Ball zurückspielen und mit dem Kunden kurz die Rollen tauschen?

Wie Sie das tun können? Zum Beispiel so:

- Kunde: „Der Tisch ist aber schon sehr schwer."
- Verkäufer: „Stimmt. Und was denken Sie, hat das für Vorteile?"
- Kundin: „So viel Geld wollte ich eigentlich nicht ausgeben für ein Fahrrad."
- Verkäufer: „Und was denken Sie, könnte dafürsprechen, es doch zu tun?"
- Kunde: „Ich hatte mir nicht gleich so eine große Lösung vorgestellt, sondern wollte eher mit einer kleinen beginnen."
- Verkäufer: „Verstehe. Und was könnte Sie doch über die große Lösung nachdenken lassen?"

Wie Sie sehen, kommen hier immer Fragen zum Einsatz. Dem Kunden die Rolle des Einwandbehandlers mittels einer Frage zu übergeben, ist sehr viel eleganter als das mit einer Aussage zu tun. „Nennen Sie die Vorteile, die Sie sehen." Würde sehr seltsam klingen. Diese Fragen können Sie – wie ich es getan habe – mehr oder weniger direkt oder indirekt bzw. sehr sanft formulieren – je nach Situation, Kunde und Erfordernis.

Wollen Sie noch tiefer in die Materie der Einwandbehandlung eintauchen? Auf Basis dieser Grundgedanken gibt es noch sehr viel mehr Taktiken und Methoden, wie Sie mit den Einwänden, die Sie von Kunden hören, mutiger umgehen können. Diese habe ich in dem Buch „Verkaufen ohne ABER" im Detail erläutert.

Dort finden Sie nicht nur eine Auswahl an mutigeren Vorgehensweisen bei Kundeneinwänden, sondern eine Vielzahl von psychologischen Methoden mit dazu passenden Formulierungsbeispielen für Ihre Praxis.

https://amzn.to/3PYzNiY

Wenn Sie mit Einwänden besonders viel zu kämpfen haben, wird Ihnen dieses Buch Ihre Verkaufsgespräche massiv erleichtern. Mit den darin enthaltenen Strategien sind Sie auf jeden Kundeneinwand optimal vorbereitet.

+++++

Corinna sah auf die Uhr. Sie hatte noch eine Viertelstunde, bevor sie beginnen musste, sich zurechtzumachen. Schließlich wollte sie sich Marc von ihrer allerbesten Seite zeigen. Wobei, wenn sie ehrlich zu sich selbst war, war sie sich gar nicht mehr so sicher, ob sie das wollte. Er könnte auf Gedanken kommen, die vielleicht zu Situationen führten, von denen sie nicht wusste, ob sie schon bereit dafür war.

Doch mit Marc konnte sie sich später noch beschäftigen. Zuerst wollte sie noch ein wenig über das Gelesene nachdenken und sich dazu ein paar Notizen machen. Einwände waren etwas, mit dem sie in ihren Gesprächen regelmäßig konfrontiert war. Bisher hatte sie so gut wie immer die vom Marketing vorbereiteten Argumente verwendet, um gegenzuhalten – durchaus tapfer gegenzuhalten, dem Grundgedanken des Buches folgend.

Nicht, dass die Argumente schlecht wären, ganz im Gegenteil. Schließlich basierten sie auf Studien, Fakten und wissenschaftlichen Erkenntnissen. Sie musste diese nur – um die Ideen aus dem Buch aufzugreifen – kommunikativ anders verpacken. Vor allem die Idee, beim Umgang mit Einwänden viel mehr Fragen zu stellen, schien ihr grundlegend wichtig. Fragen zogen sich wirklich – wie schon früher im Buch erwähnt – als verbindendes Element durch das komplette Verkaufsgespräch.

Aber auch in bestimmten Fällen den Einwänden des Kunden einfach nur zuzustimmen, hatte einen gewissen Charme. Sie fühlte, dass sie dadurch stärker und selbstbewusster wirken würde. Sie hatte immer das Gefühl gehabt, bei der Behandlung von Einwänden in die Rolle der Verteidigerin gedrängt zu werden. Das war keine gute Position, sondern eine, die sie im Verhältnis zu ihrem Gegenüber schwächer erscheinen ließ – zumindest ihrem eigenen Gefühl nach. Mit den Vorgehensweisen, die sie soeben gelesen hatte, würde das nicht geschehen. Sie würde die Zügel im Gespräch viel besser in der Hand behalten können.

Als sie wieder auf die Uhr blickte, sah sie, dass ihr nur noch 45 Minuten blieben, bis Marc kam. Höchste Zeit, sich fertigzumachen und sich der schwierigen Frage zu stellen, was sie bloß anziehen sollte, zumal sie nicht gefragt hatte, wo sie hingehen würden – eine schwere Nachlässigkeit, die ihr die Auswahl der passenden Kleidung erheblich erschwerte. Doch extra anrufen wollte sie Marc dafür jetzt auch nicht. Eine dreiviertel Stunde später war sie ausgehfein und hatte auch die Frage der Kleidung mit einem Kleid gelöst, das – wie sie fand – überall passen würde.

+++++

Montag früh und sie saß im Wartebereich des Klinikums und ließ das vergangene Wochenende Revue passieren. Es war nett gewesen mit Marc, sehr nett sogar. Am Freitagabend hatte er sie zu einem stylishen Japaner mit exzellentem Sushi ausgeführt. Sie hatten viel Spaß gehabt. Marc brachte sie zum Lachen, eine Eigenschaft, die sie an Männern sehr schätzte. Als er sie zu Hause abgesetzt hatte, hatte sie kurz überlegt, ihn noch auf einen Kaffee hineinzubitten, sich dann aber doch dagegen entschieden und die Küsschen links und Küsschen rechts zur Verabschiedung gewählt.

Warum wusste sie nicht so genau. Nicht, dass sie ihn nicht mochte. Sie mochte ihn sehr sogar. So sehr, dass auch mehr daraus werden konnte. Andererseits hatte sie sich seit dem Ende ihrer letzten Beziehung vor mehr als einem halben Jahr daran gewöhnt, allein zu leben und die Vorteile eines solchen Lebens schätzen gelernt. Ihr war schon klar, dass das für sie kein Dauerzustand war, aber eine Zeit lang würde sie ihr Leben gerne so genießen, wie es gerade war. Keine Verantwortung außer für sich selbst, vollkommen frei in der Einteilung ihrer Zeit und die ganze Wohnung für sich zu haben, gefiel ihr.

Außerdem, wo sollte das hinführen mit Marc. Er wohnte ein ganzes Stück entfernt. Zu weit, um auf diese Distanz eine Beziehung zu führen. Den Job wechseln schien ihr aktuell auch keine attraktive Alternative zu sein und bei Marc vermutlich erst recht nicht, da es bei ihm gerade so gut lief.

Natürlich könnte man sich ja ab und an „treffen" und ansonsten single bleiben – eine Vorstellung, bei der sich Ihrer Mutter sämtliche Haare aufstellen würde. Ja, sie mochte Marc, aber war mögen genug? Abrupt wurde sie aus ihren Gedanken gerissen.

„Frau Peters, wenn Sie bitte hereinkommen wollen, ich hätte jetzt kurz Zeit für Sie." Dr. Schönefeld, eine junge, aber sehr ambitionierte Ärztin, hielt die Tür zu einem der Behandlungsräume geöffnet und machte eine einladende Geste.

„Guten Tag Frau Doktor", sagte Corinna, während sie sie anlächelte und ihr die Hand schüttelte. „Schön, dass Sie für mich Zeit haben."

„Ja, aber wir müssen schnell machen heute. Es ist unglaublich viel zu tun."

Corinna wusste aus Erfahrung, dass Ihre Gesprächspartnerin immer unglaublich viel zu tun hatte und vermutete, dass das nicht nur mit dem Betrieb im Krankenhaus, sondern vor allem auch mit der Ärztin selbst zu tun hatte.

„Was haben Sie denn heute für mich?", versuchte die Ärztin professionell ins Gespräch einzusteigen. Der Unterton in ihrer Stimme, ein kurzer Blick auf die Uhr und ihre Körpersprache sagten aber gleichzeitig: „Ich bin froh, wenn Sie wieder weg sind." Das entging Corinna nicht. Bei den letzten Gesprächen war es genauso gewesen. Ihr Ziel für das heutige Gespräch war es, aus dem gewohnten Muster auszubrechen und endlich einmal zu Dr. Schönefeld vorzudringen. Sie hatte hier wenig bis gar nichts zu verlieren. Einerseits verschrieb diese Ärztin ihr Präparat noch gar nicht und gleichzeitig war sie nicht so bedeutend, dass ihre Meinung großes Gewicht hätte, noch nicht zumindest.

Daher entschied sich Corinna, alles auf eine Karte zu setzen und einen mutigen Gesprächseinstieg zu wagen.

„Offen gesagt, Frau Doktor, habe ich heute gar nichts für Sie mitgebracht." Sie blickte die Ärztin an und wartete zwei oder drei Sekunden, die sich wie eine Ewigkeit anfühlten. Erstaunen und Verwirrung spiegelten sich in dem Gesicht der Ärztin wider.

„Wie gar nichts? Und was führt Sie dann zu mir?"

„Das ist eine sehr gute Frage, die ich mir auch gestellt habe, als ich auf dem Weg hierher im Auto saß." Noch eine Sekunde schweigender Blickkontakt verstärkte den erstaunt-verwirrten Gesichtsausdruck der Ärztin, zu dem nun auch noch ein wenig Neugier hinzukam.

„Frau Doktor, ich will Ihnen nicht zu nahetreten. Ich weiß, dass Sie immer – so wie ich auch – sehr viel zu tun haben. Mit Rücksicht auf Ihre und meine kostbare Zeit wollte ich heute mit Ihnen darüber sprechen, wie wir weitermachen."

„Was meinen Sie mit ‚wie wir weitermachen'?", fragte die Ärztin.

„Ich war etliche Male hier, habe Ihnen alle Informationen gegeben, die ich zu unserem Präparat habe und alle Vorteile, die Ihre Patienten bei der Verwendung von Novaxinal hätten, besprochen und Ihnen von etlichen Patienten und ihren Fortschritten berichtet.

Trotz alledem habe ich nicht den Eindruck, dass ich zu Ihnen durchgedrungen wäre, geschweige denn Sie so weit überzeugt hätte, an den Einsatz unseres Präparates auch nur zu denken. Korrigieren Sie mich, wenn ich da falschliege." Wieder eine Sekunde Schweigen, ohne dass die Ärztin etwas geantwortet hätte. Dafür war sie immer noch viel zu überrascht von Corinnas Ansage.

„Ich frage mich natürlich, was ich falsch gemacht habe. Ich weiß es nicht. Ich weiß nur, dass ich mein Bestes gegeben habe und verstehe nicht, warum ich damit bei Ihnen so gar nicht vorankomme. Daher wollte ich Sie einfach fragen, ob ich in Zukunft mit dem Präparat überhaupt noch kommen soll."

Zum Erstaunen im Gesicht der Ärztin mischte sich nun steigende Nervosität. Corinna war in Fahrt und alle Anspannung, die sie vor dem Gespräch noch verspürt hatte, war verschwunden.

„Und wenn Sie mir jetzt sagen, dass ich Sie mit Novaxinal nicht mehr besuchen soll, weil Sie es ohnehin nie in Erwägung ziehen werden, dann werde ich das anstandslos akzeptieren – sogar ohne nach dem Grund zu fragen, wenngleich mich der natürlich brennend interessieren würde."

Das war natürlich riskant. Wenn Dr. Schönefeld jetzt sagen würde, dass Corinna sie nicht mehr besuchen sollte, hätte sie dringenden Erklärungsbedarf ihrer Chefin Sarah gegenüber. Doch den Gedanken schob sie rasch wieder beiseite.

Es dauerte eine Weile, bis sich die Ärztin gefangen hatte. Der anfängliche Zeitdruck war interessanterweise von ihr abgefallen.

„Nein Frau Peters, das möchte ich keinesfalls, dass Sie mich nicht mehr besuchen. Es tut mir leid, wenn ich den Eindruck erweckt habe, dass mich das, was Sie mir sagen, nicht interessieren würde. Das tut es sehr wohl. Es ist nur so, dass mein Chef zwei andere Präparate bevorzugt verschreibt. Natürlich könnte ich mit ihm sprechen, damit er auch Ihr Präparat – für die passenden Patienten wohlgemerkt – in unser Sortiment aufnimmt. Das wäre durchaus auch denkbar, wenngleich wahrscheinlich auch mühsam. Da ich hier seit Monaten gefühlt rund um die Uhr arbeite, weil wir ständig unterbesetzt sind, ist dieses Unterfangen ehrlicherweise nicht ganz oben auf meiner Prioritätenliste."

„Danke für Ihre Offenheit. Das kann ich sehr gut nachvollziehen." Das konnte Corinna wirklich. „Wie gesagt, will ich Sie ja nicht noch zusätzlich zeitlich in Anspruch nehmen. Wie können wir denn gemeinsam vorankommen?"

„Na ja, gut wäre es natürlich, wenn Sie direkt mit meinem Vorgesetzten, Oberarzt Rüters sprechen würden."

„Glauben Sie mir, das habe ich nicht erst einmal versucht. Das einzige Mal, als ich einen Termin bekommen habe, wurde dieser dann kurzfristig abgesagt, weil er in einer unvorhergesehenen OP war."

„Ja, ich weiß, ihm geht es nicht viel besser als mir – gar nicht besser, um genau zu sein. Aber wissen Sie was? Ich glaube, er ist jetzt gerade zufällig in seinem Büro. Wir überfallen ihn einfach gemeinsam. Ich kann nichts versprechen, aber einen Versuch ist es wert."

Corinna war überrascht angesichts der plötzlichen Motivation der Ärztin, sie zu unterstützen, wo sie über Monate hinweg das Gefühl gehabt hatte, gegen eine Wand zu sprechen. Freudig überrascht natürlich ließ sie sich gerne von Ihr zu Dr. Rüters bringen. Sie hatte ihn schon einmal gesehen und im Rahmen eines Kongresses sprechen gehört, aber mehr Kontakt zu ihm hatte es bisher nicht gegeben. Dabei war er ihr immer distanziert bis abweisend vorgekommen. So sehr sie sich einerseits über die Gelegenheit freute, ihn vielleicht persönlich zu sprechen, sosehr machte sich auch ein mulmiges Gefühl in ihrer Magengegend breit. Sich selbst beobachtend stellte sie fest, dass ihr Mutmuskel gerade stark angespannt war.

„Ja bitte!", tönte die kräftige Stimme von Dr. Rüters durch die geschlossene Tür als Antwort auf das Klopfen seiner Mitarbeiterin. Sie traten ein und fanden ihn vertieft in Unterlagen am Schreibtisch vor, die er offenbar gerade ausfüllte.

„Herr Dr. Rütters, das ist Frau Peters von Palinxal. Sie hat über ihr neues Präparat im Diabetesbereich Novaxinal schon mehrmals mit mir gesprochen, hat es bis jetzt aber noch nicht geschafft, mit Ihnen zu sprechen. Ich persönlich denke, dass das Präparat für gewisse Patienten sehr gut einsetzbar sein könnte. Daher dachte ich mir, dass ich einfach den Kontakt herstelle."

„Mmmh, dachten sie", antwortete Dr. Rüters und ließ erkennen, dass er nicht gerade erfreut über die Unterbrechung war.

Er wandte sich Corinna zu. „Aber nun, Frau Peters, wo Sie schon einmal hier sind, sagen Sie mir in zwei Sätzen, was an Ihrem Präparat so besonders ist, dass Sie meinen, wir sollten es in der Behandlung unserer Patienten einsetzen." Schweigend blickte er Corinna an.

Sie merkte, wie sich ihr Herzschlag beschleunigte und hoffte, dass niemand das Zittern, das sie verspürte, bemerkte und die Schweißtropfen, die sich auf Ihrer Stirn bildeten und begannen hinunterzulaufen. „Nun, äh, wir haben laut den letzten groß angelegten Studien hohe Erfolgsquoten bei Diabetes Typ II Patienten, vor allem wenn sie jenseits der 60 sind."

„Nun, das haben die anderen Präparate auch." Er schwieg und fixierte sie weiter.

„Ja, aber unsere sind höher", erwiderte sie und fügte noch rasch hinzu: „Das bestätigt auch Prof. Schulz vom Uniklinikum Mannheim."

„Nichts gegen Prof. Schulz, den ich als Kollegen sehr schätze, aber was meine Patienten angeht, weiß ich selbst am besten, was für diese die beste Behandlung ist."

Corinna fühlte sich in die Enge getrieben und wollte schon das nächste Argument mit einem „Ja, aber" einleiten, als sie diese plötzliche Erkenntnis wie ein Schlag ins Gesicht traf. So würde sie bei Dr. Rüters definitiv nicht weiterkommen. Nach dem nächsten Satz würde er sie wahrscheinlich höflich, aber zügig und vor allem endgültig hinauswerfen und das wäre es dann gewesen. Da war sie ganz sicher.

Sie erinnerte sich, dass sie gerade erst das Kapitel „Mutig Einwände behandeln" im Buch gelesen hatte. Was stand da nochmal drin? Krampfhaft versuchte sie detailliertere Erinnerungen auszugraben und hörte ihre Uhr ticken, die wahrscheinlich in wenigen Sekunden ablaufen würde.

Fragen stellen, fiel ihr ein. Da stand doch irgendwas mit Fragen stellen zur Behandlung von Einwänden. Sie nahm sich noch eine Sekunde, um über eine geeignete Frage nachzudenken und beschloss, alles auf diese eine Karte zu setzen. Das war einfacher als es sich anfühlte. Schließlich war das die einzige Karte, die ihr geblieben war.

„Herr Dr. Rüters, da gebe ich Ihnen vollkommen recht, dass Sie die einzig relevante Instanz sind, was die Behandlung Ihrer Patienten angeht. Daher möchte ich Sie fragen: Was müsste unser Präparat Ihren Patienten denn bieten, damit Sie es als Behandlungsalternative in Erwägung ziehen?"

Der Arzt dachte kurz nach. „Wissen Sie was, Frau Peters. Das kann ich Ihnen gerne sagen, aber nicht jetzt. Jetzt habe ich wirklich keine Zeit. Was halten Sie davon, wenn Sie im Sekretariat einen Termin vereinbaren, wo wir das Thema dann gerne etwas ausführlicher besprechen können. Ich sage Bescheid, dass das in Ordnung geht. Jetzt muss ich aber wirklich weitermachen." Demonstrativ wandte er sich wieder seinen Unterlagen zu.

„Auf Wiedersehen und bis bald dann", sagte Corinna und wandte sich zum Gehen. „Puuh, das würde ein harter Brocken werden", stöhnte sie im Stillen auf. „Aber immerhin bin ich einen riesigen Schritt vorangekommen."

„Danke Frau Doktor, für Ihre Unterstützung, was Dr. Rüters angeht."

„Melden Sie sich bei mir, sobald Sie mit meinem Chef gesprochen haben. Davon ist es auch abhängig, wie sinnvoll es ist, uns noch näher über Ihr Präparat zu unterhalten."

„Danke für Ihre Offenheit. Das werde ich machen."

+++++

Am Weg zum nächsten Termin dachte Corinna nochmals über die Gespräche nach, die sie soeben im Klinikum geführt hatte. Auch wenn sie nicht direkt etwas verkauft hatte und noch nicht einmal in Aussicht gestellt bekommen hatte, dass sie die Ärzte dort über den Einsatz von Novaxinal nachdenken würden, war sie dennoch stolz auf sich. Sehr stolz sogar. So zu agieren, wie sie es eben getan hatte, hätte sie noch zwei oder drei Wochen vorher nicht hinbekommen.

Nicht nur, dass ihr die richtigen Vorgehensweisen gefehlt hätten, hätte sie auch den Mut nicht aufgebracht, diese einzusetzen.

Spontan dachte sie wieder an Marc und fragte sich, ob es nicht auch Mut war, der ihr fehlte, einen Schritt weiterzugehen. Möglich wäre es, dachte sie. Veränderungen brauchen oft auch Mut. Was ihr Privatleben anging, steckte sie tief in der Komfortzone. Das fühlte sich auch gut an. Das tun Komfortzonen immer. Sie musste nur Acht geben, dass sie sich nicht irgendwann in der Todeszone wiederfand. Je länger sie den privaten Status quo aufrechterhielt, umso größer wurde diese Gefahr und umso schwerer würde ihr eine Veränderung fallen.

Sie fragte sich auch, ob es nicht seltsam war, auf diese Art und Weise über das Thema Beziehung nachzudenken. Sollten solche Entscheidungen nicht sehr viel stärker emotionsgesteuert sein und aus dem Bauch heraus getroffen werden? Sollte man sich nicht einfach auf eine Beziehung einlassen, weil man schlicht verliebt war? Corinna erinnerte sich, dass es genauso mit Ihrem Ex-Freund abgelaufen war, und sie erinnerte sich auch an das böse Erwachen, das gefolgt war, nachdem die erste Verliebtheit sich ein wenig gelegt hatte. Sie schob die Bilder, die hochkamen, gleich wieder beiseite. Es war immer noch zu schmerzhaft, darüber nachzudenken.

Sie mochte Marc und würde – wenn sie den Mut aufbrachte, es zuzulassen – ihn vermutlich lieben, wollte die nächsten Schritte aber auch mit mehr Verstand setzen als beim letzten Mal. Sie hatten vereinbart, dass Marc sich abends melden würde. Mal sehen.

+++++

Es war ein guter Tag gewesen. Corinna hatte ihrer Chefin Sarah per Telefon berichtet, wie sie bei wem Fortschritte gemacht hatte – detaillierter als sonst üblich – aber sie hatte das Gefühl, dass es besser wäre. Sarah sollte unbedingt den Eindruck erhalten, dass sie Fortschritte machte und das tat sie ja tatsächlich, wenngleich sich diese noch nicht sehr stark auf die Umsätze in Ihrem Gebiet auswirkten. Das würden sie, da war Corinna sicher, aber das geschah natürlich etwas zeitverzögert. In ein paar Wochen würde Bewegung in die Umsätze kommen. Sie musste nur dranbleiben und den Weg, den sie eingeschlagen hatte, weiterverfolgen.

Kurz überlegte Corinna, ob sie sich eine Folge ihrer aktuellen Lieblingsserie auf Netflix anschauen sollte. Dann sah sie auf dem Wohnzimmertisch aber das Buch von Roman Kmenta liegen, das ihr zuzurufen schien „Lies mich". Sie folgte diesem Ruf, da sie es auch noch vor dem Seminar, das am kommenden Freitag und Samstag stattfand, fertig lesen wollte. Netflix schauen konnte sie später immer noch.

Mutig Preise verhandeln

In vielen Branchen sind Preisverhandlungen schon immer ein fester Bestandteil des Verkaufsprozesses gewesen. Autos, landwirtschaftliche Maschinen oder auch Immobilien werden quasi nie verkauft, ohne dass der Kunde zumindest versucht hätte, einen Preisnachlass zu erzielen. In anderen Branchen war das früher kaum der Fall, ist aber in den letzten Jahren häufiger geworden. Dazu hat auch die Verbreitung des Internets beigetragen. Ein kurzer Blick auf eine der vielen Preisvergleichsseiten liefert für Kunden handfeste Argumente, um beim Verkäufer einen Preisnachlass zu erzielen.

+++++

Corinna hielt kurz inne. Preise verhandeln war etwas, das sie in ihrem Job nicht musste. Zum Glück nicht, dachte sie. Sie hatte diesbezüglich nur die üblichen Erfahrungen als Kunde gesammelt, wenn sie mal etwas Größeres gekauft hatte, wo sich das Fragen nach einem Nachlass auch auszahlte. Auch als Kunde war es ihr unangenehm gewesen, nach einem Nachlass zu fragen, deshalb hatte sie das auch nicht oft getan.

Ihre Freundin Susanne, mit der sie sich einmal pro Woche zum Kaffee traf, war da ganz anders. Die hatte sogar einmal versucht, beim Kaffee und einem Stück Torte einen Nachlass zu verhandeln. Mit einem Augenzwinkern zwar, aber durchaus ernst gemeint. Corinna war das so peinlich gewesen, dass sie am liebsten samt ihrem Stuhl in die Erde versunken wäre. „Je öfter ich frage, desto öfter bekomme ich etwas", hatte Susanne lakonisch und mit den Schultern zuckend geantwortet, als Corinna ihr einen scharfen Blick zugeworfen hatte. Einen Nachlass hatte der Kellner zwar ebenso lächelnd abgelehnt, war aber ein wenig später mit einem kleinen süßen Gruß aus der Küche gekommen.

„Na, was habe ich dir gesagt", hatte Susanne zu Corinna gesagt und ihr dabei einen triumphierenden Blick zugeworfen.

Preise zu verhandeln und verhandeln ganz generell hatte definitiv auch etwas mit Mut zu tun. Interessanterweise – so ihre spontane Erkenntnis – auch für den Kunden und nicht nur für den Verkäufer.

Wenn sie so darüber nachdachte, dann führte sie zwar keine klassischen Preisverhandlungen mit ihren Kunden, aber Verhandlungssituationen gibt es im Leben natürlich in vielerlei Hinsicht. Vielleicht konnte sie die Strategien aus dem Buch ja auch in diesen anderen Verhandlungssituationen einsetzen. Sie beschloss dieses Kapitel im Hinblick darauf zu lesen, wie sie die Ideen aus dem Buch auf andere Lebensbereiche anwenden konnte.

Eine zweite Idee war ihr auch noch gekommen, als ihr die Situation mit Susanne im Kaffee eingefallen war. Auch wenn ihr das Verhalten ihrer Freundin peinlich gewesen war, so hatte sie sie insgeheim auch für ihre Chuzpe bewundert und sogar beneidet. Man könnte es natürlich auch als Frechheit sehen, aber Mut brauchte Susanne dafür allemal.

Vielleicht war das gar keine schlechte Art und Weise ihren Mutmuskel zu trainieren, indem sie als Kundin öfter mal nach einem Preisnachlass oder auch einer kostenlosen Zugabe fragte. Das würde sie Überwindung kosten, aber sonst wäre es ja auch kein Training. Mit diesen Gedanken im Kopf wandte sie sich wieder ihrem Buch zu.

+++++

Die beste Preisverhandlung ist immer noch jene, die nicht stattfindet. Wenn Sie Ihr Verkaufsgespräch bis an diesen Punkt mutig geführt und Ihre Komfortzone immer wieder verlassen haben, werden Sie feststellen, dass Ihre Preisgespräche zumindest weniger werden. Das hat einen einfachen Grund: Selbstbewussten Verkäufern gegenüber, solchen, die mutig auftreten, getraut sich ein Kunde nicht so sehr Forderungen zu stellen. Für die Fälle, wo das immer noch gemacht wird, will ich Ihnen in diesem Abschnitt ein paar Ideen und Strategien an die Hand geben.

Die klassische Art der Preisverhandlung kennen alle. Sie wird auf allen Basaren und Märkten der Welt praktiziert, doch leider bisweilen auch in anderen Geschäftsbereichen. Der Verkäufer verlangt 100, der Kunde will nicht mehr als 80 bezahlen und nach kürzerem oder auch längerem Herumgezerre am Preis einigt man sich auf 90.

Scheinbar ein guter Kompromiss, aber nur scheinbar. In Wirklichkeit haben beide verloren. Der Verkäufer hat nicht erhalten, was er wollte und der Kunde hat mehr bezahlt, als er ursprünglich auszugeben bereit war oder aber beiden war es nicht ernst mit ihrer jeweiligen Forderung. Dann wäre es seitens des Verkäufers im Grunde unseriös gewesen, einen überhöhten Preis zu verlangen, nur um dann etwas nachlassen zu können. Ja, ich weiß, genau das wird oft gemacht und stillschweigend von beiden Verhandlungspartnern akzeptiert.

Die tapfere Art, Preise zu verhandeln ist aus meiner Sicht jene, sich das bisweilen echt mühsame Herumzerren am Preis anzutun, sich tapfer durchzubeißen, um dann bei einem Ergebnis zu landen, das vielleicht ok ist aber mehr oft auch nicht.

Wenn Sie mutig an Preisverhandlungen herangehen wollen, müssen Sie dieses Spiel ganz anders spielen. Wie? Dafür habe ich für Sie ein paar Ideen und Vorschläge mitgebracht.

Preiseinwände des Kunden sind, wie der Name schon sagt, auch Einwände nur eben zu einem speziellen Punkt. Daher können Sie grundsätzlich die mutigen Arten der Einwandbehandlung, die wir uns soeben im vorigen Abschnitt angesehen haben, auch hier anwenden – vorausgesetzt, sie passen. Darüber hinaus gebe ich Ihnen ein paar Varianten an die Hand, die gerade beim Preisthema perfekt passen.

Variante #1 – Nein sagen

Die mutigste Art, mit einem Preiseinwand umzugehen, ist immer die, die Forderungen des Kunden abzulehnen und sich auf eine Preisverhandlung gar nicht erst einzulassen. Doch ein klares NEIN übersteigt die Mutressourcen vieler Verkäufer und befindet sich oft deutlich außerhalb ihrer Komfortzone. Zu groß ist die Angst, dadurch das Geschäft oder gar den Kunden zu verlieren. Für viele Verkäufer und Unternehmen ist ein schlechtes Geschäft immer noch besser als gar keines.

Das mag kurzfristig und im Einzelfall betrachtet auch so sein, doch mittelfristig führt eine Reihe von schlechten Geschäften mit zu geringen oder oft keinen Deckungsbeiträgen oder Gewinnen definitiv zu finanziellen Problemen. Unternehmen – kleine wie große – erkaufen sich bisweilen Umsätze und Marktanteile durch Nachlässe und schwache Gewinne. Wurde dieser Weg erst einmal eingeschlagen, ist es oft schwer, die Richtung wieder zu ändern, wie ich aus vielen Beratungsprojekten weiß. Sind Kunden erst einmal an großzügige Nachlässe gewohnt, werden sie diese meist nicht mehr hergeben wollen.

Daher sollten Sie beim Thema Nachlässe sehr vorsichtig vorgehen und die vorsichtigste Vorgehensweise ist in diesem Punkt ein kategorisches NEIN zu Nachlässen.

Doch es gibt eine Reihe von Gründen, warum uns ein NEIN oft schwerfällt und das nicht nur im Verkauf und dem Kunden gegenüber, sondern oft ganz allgemein im Leben.

Im Verkauf fällt das Nein besonders schwer, wenn ...

- Sie sich selbst denken, dass Ihr Preis zu hoch ist bzw.
- wenn noch viel Spielraum bis zu Ihrer Schmerzgrenze besteht.
- es viel Konkurrenz gibt und Ihr Produkt den Mitbewerbsprodukten sehr ähnlich ist.
- Sie den Kunden mögen und die Beziehung eine sehr gute ist.
- Ihre Umsätze hinter den Plänen und Erwartungen hinterherhinken.
- Der Kunde etwas für Sie getan hat und sie ihm im Gegenzug einen Gefallen schuldig sind.
- Sie auch früher schon Nachlässe bei diesem Kunden gewährt haben.

Wahrscheinlich gibt es noch mehr Gründe, die Ihnen einfallen, vielleicht sehr individuelle. Doch auch diese hier reichen aus, um viele Verkäufer vom NEIN sagen abzuhalten.

Was können Sie tun, um den Mut zu fassen, den Sie für das NEIN sagen brauchen und wie können Sie so NEIN sagen, dass es vom Kunden auch leichter akzeptiert wird?

+++++

NEIN sagen war definitiv nichts, was Corinna leichtfiel, gestand sie sich ein. Immer wieder stolpert sie in Situationen, in denen sie nicht sein wollte, einfach, weil ihr der Mut zum NEIN gefehlt hatte und sie den tapferen Weg gewählt und JA gesagt hatte. Letztens erst hatte sie einer Bekannten, die nicht einmal eine besonders gute Freundin war, beim Übersiedeln geholfen – einen ganzen Tag lang – und bereute etliche Stunden ihrer wertvollen Freizeit dafür geopfert zu haben.

Oder das Abendessen bei ihren Eltern, zu dem ihre Mutter, die sich inzwischen große Sorgen wegen der „biologischen Uhr" ihrer Tochter machte, einen Mann aus der Nachbarschaft eingeladen hatte – nicht ohne vorher zu betonen, dass er eine „gute Partie" wäre. Es war ein sehr peinlicher Abend gewesen. NEIN sagen war definitiv eine wichtige Fähigkeit und das nicht nur beim Preisverhandeln.

+++++

Schaffen Sie Klarheit sich selbst gegenüber

Viel zu oft akzeptieren wir unklare Aussagen und Situationen, wenn es um Preisverhandlungen geht. Damit meine ich nicht nur in Bezug auf den Kunden, sondern primär in Bezug auf uns selbst. Wir wissen, dass es da einen gewissen Interpretationsspielraum gibt, stürzen uns aber dennoch tapfer in ein Preisgespräch.

Je weniger Klarheit Sie selbst als Verkäufer vor einer Preisverhandlung haben, also je weniger Sie wissen, was noch in Ordnung ist und was definitiv nicht mehr, umso größer sind die Chancen für Ihren Verhandlungspartner, sich ein größeres Stück vom Kuchen abzuschneiden.

Definieren Sie daher Ihre Ziele, aber auch Ihre Grenzen – und das sind zumindest zwei Paar Schuhe – auf den Euro bzw. den Prozentpunkt genau mit Kommastelle(n) in manchen Fällen.

Zuerst zum Ziel: Das Ziel, meist in Euros oder Prozenten, je nach Verhandlungssituation, ist der Wert, den Sie erreichen wollen und der, auf den Sie sich daher fokussieren sollten.

Ihre Untergrenze (wenn es um den Preis geht) bzw. Obergrenze (wenn es um Nachlässe geht), ist jener Punkt, jenseits dessen Ihr NEIN die logische Antwort auf Forderungen des Kunden ist. Diese Grenzen sollten Sie kennen und schriftlich festhalten, aber dann den Fokus wieder auf das Ziel lenken. Wenn Ihr Fokus auf den Grenzen ist, dann werden Sie diese erreichen, mehr aber auch nicht. Ihr Ziel hat dann wenig Chancen, erreicht zu werden.

Sehr hilfreich ist es, wenn Sie berechnen, wie viel Marge oder Deckungsbeitrag Ihnen bei einzelnen Zielpreisen oder Nachlässen bleibt. Es stärkt Ihren Rücken und macht es Ihnen sehr viel leichter, NEIN zu sagen, wenn Sie schwarz auf weiß sehen, dass Sie ab Nachlass X nur noch sehr wenig verdienen und bei Nachlass Y schon einen Verlust haben. Sie können sich nicht mehr vorgaukeln, dass es ja immerhin Umsatz ist und Sie immerhin einen Kunden gewinnen. Das wiegt beides nicht schwer genug, um schlechte Margen oder gar einen Verlust zu rechtfertigen (von ganz wenigen speziellen Fällen vielleicht abgesehen).

Dazu finden Sie im Ressourcenbereich zu diesem Buch ein kleines Excel-Kalkulationsblatt zum Download, das es Ihnen sehr viel leichter macht, einfach und rasch Ihre Deckungsbeiträge bei unterschiedlichen Preisen bzw. Nachlässen auszurechnen.

Überzeugen Sie sich selbst zuerst

Der erste und wichtigste Kunde sind Sie selbst bzw. wenn Sie ein Verkaufsteam haben, mit dem Sie arbeiten, dann Ihre Verkäufer. Warum? Wenn es Ihnen nicht gelingt, sich selbst oder Ihr Team zu überzeugen, wie soll es Ihnen dann gelingen, Kunden zu überzeugen. Das gilt vor allem auch, wenn es um Preise und Konditionen geht.

Wenn Sie denken, dass Ihre Preise zu hoch sind, dann bedeutet das gleichzeitig, dass Sie der Meinung sind, dass das, was Sie anbieten, nicht wertvoll genug ist. Wenn Sie mit dieser Einstellung zum Kunden gehen, dann sind Ihre Chancen, so ein Gespräch erfolgreich abzuschließen und Ihr Ziel zu erreichen, sehr gering. Wenn Ihr Kunde dann „zu teuer" sagt, werden Sie ihm – zumindest innerlich – zustimmen. NEIN zu einer Preisreduktion zu sagen, fällt dann naturgemäß sehr schwer.

Verkaufen Sie was immer Sie verkaufen daher zuerst an sich selbst. Wenn Sie wirklich überzeugt sind – auch vom Preis und vom Wert Ihres Angebotes – wird es Ihnen leichtfallen, Ihren Kunden auch davon zu überzeugen und Ihre diesbezüglichen Ziele zu erreichen.

Wenn Sie merken, dass das noch nicht der Fall ist, dass Sie noch nicht so sehr vom Wert Ihres Angebotes überzeugt sind, wie Sie das sein sollten, dann arbeiten Sie zuerst an sich selbst bzw. an Ihrem Angebot, bevor Sie an Ihrem Kunden arbeiten.

Trennen Sie Person und Sache

Der wesentliche Grund, warum uns das NEIN sagen oft schwer fällt, ist jener, dass wir den Kunden nicht ablehnen und unfreundlich sein bzw. wirken wollen. Was Ihnen helfen wird, diese Hürde zu überwinden, ist, die Person von der Sache zu trennen. Sie sagen NEIN zur Sache, zur Forderung des Kunden, aber JA zur Person. Den Kunden selbst schätzen Sie, mögen Sie vielleicht sogar nur seine Forderung lehnen Sie ab. Diese Blickweise macht es leichter für Sie.

Sagen Sie empathisch nein

Wenn Sie alle diese Punkte soweit verstanden (das ist nicht schwierig, würde ich meinen), umgesetzt und vor allem verinnerlicht haben, dann geht es nur noch um die Frage, wie können Sie Ihr NEIN so kommunizieren, dass es vom Kunden nicht nur verstanden, sondern auch akzeptiert wird.

Eines ist klar: Mit einem zwar klaren, aber sehr schlichten NEIN, das ohne weitere verbale Unterstützung im Raum steht, werden Sie sich schwertun, dieses Ziel zu erreichen. Was Sie brauchen, ist ein zwar ein klares, aber verständnisvolles, empathisches NEIN. Eines, das die soeben besprochenen Punkte zum Ausdruck bringt. Wie sieht ein solches NEIN aus?

Ein empathisches NEIN besteht aus mehreren Schritten:

1. ***Sie hören sich die Preisforderung des Kunden aufmerksam an***
   Oft wird der Fehler gemacht, dass der Verkäufer den Kunden nicht ausreden lässt und ihm mit seinem NEIN ins Wort fällt. Das ist nicht empathisch.
2. ***Sie bringen Ihr Verständnis dafür zum Ausdruck***
   Etwas zu verstehen, bedeutet nicht, dem anderen recht zu geben. Dass ein Kunde einen besseren Preis haben möchte, ist sehr verständlich. Das bedeutet nicht, dass Sie ihm diesen auch geben. Doch Verständnis für das Anliegen des Kunden (und das gilt nicht nur für einen Nachlass) ist eine Grundlage dafür, empathisch zu wirken.

3. ***Sie bedanken sich dafür***
   Warum Sie sich für eine Forderung nach einem Nachlass bedanken sollten? Nun, der Kunde tut Ihnen einen Gefallen, indem er Ihnen sagt, was er will. Das ist grundsätzlich nett von ihm. Das zeigt, dass er interessiert ist. Kunden, die weniger nett sind, bringen irgendwelche Vorwände oder sagen gar nichts, was oft noch schlimmer ist und gehen, ohne zu kaufen.
4. ***Sie antworten mit einem „Nein, weil"***
   Wenn Sie Ihr NEIN mit einer Erklärung versehen, dann wächst die Akzeptanz dafür deutlich. Die Erklärung muss nicht sonderlich kreativ sein. Wie verhaltenspsychologische Studien zeigen, reicht es in vielen Fällen aus, dass es überhaupt eine Erklärung gibt. Achten Sie sorgfältig darauf, dass es eine Erklärung ist, aber keineswegs wie eine Rechtfertigung klingt. Ich bin überzeugt, Sie merken bzw. spüren den Unterschied sogar.
   Eine Rechtfertigung macht Sie kleiner und schwächer im Verhältnis zu Ihrem Kunden.
5. ***Sie schweigen und halten Blickkontakt – so lange, bis der Kunde etwas sagt***

Ein komplettes Beispiel für ein empathisches NEIN:

Kunde: „Können Sie mir beim Preis noch ein wenig entgegenkommen?"

Verkäufer:

1. *Zuhören und ausreden lassen*
2. *„Ich kann gut verstehen, dass Sie natürlich den besten Preis haben wollen. Das würde ich auch wollen, wenn ich an Ihrer Stelle wäre."*
3. *„Danke für Ihre Offenheit in diesem Punkt."*
4. *„Was den Preis betrifft, kann ich allerdings nichts mehr machen, da wir bei der Kalkulation bereits ans Limit*
   gegangen sind, um einen möglichst attraktiven Preis zu haben, der gleichzeitig unsere Kosten abdeckt und für die nötige Spanne sorgt, die wir wirtschaftlich benötigen."
5. *Schweigen*

Aus eigener Erfahrung braucht es für Punkt fünf, das Schweigen am meisten Mut. Dieses ein paar Sekunden auszuhalten und dem Kunden dabei in die Augen zu schauen, ist sehr viel schwieriger, als es klingt.

Die NEIN-Leier

Doch was, wenn sich der Kunde mit Ihrem NEIN nicht zufriedengibt und der Preiseinwand wiederkommt? Dann können Sie Ihr empathisches NEIN wiederholen. Machen Sie das mit derselben Struktur, aber etwas veränderten Worten. Wie oft Sie Ihr NEIN auf diese Art und Weise wiederholen können? Das kommt ganz auf die Situation an und darauf, wie mutig Sie sind. Zwei bis dreimal zum selben Punkt können Sie Ihr empathisches NEIN im Normalfall durchaus bringen. Zu verschiedenen Forderungen im Laufe eines Verkaufsgespräches auch öfter.

Was, wenn das immer noch nicht reicht und der Kunde den Preiseinwand wieder bringt? Dann wird es möglicherweise Zeit, sich anderen Methoden zuzuwenden, um sich mit diesem Einwand zu beschäftigen und zu einer Lösung bzw. Vereinbarung zu gelangen. Das folgende Konzept bietet sich zum Beispiel dafür an.

Variante #2 – Den Deal verändern

Bei diesem Konzept, mit Preiseinwänden und Konditionsforderungen Ihrer Kunden mutig umzugehen, handelt es sich weniger um eine genau ausdefinierte Vorgehensweise, wie das empathische NEIN sagen, sondern vielmehr um einen Grundgedanken, der viele Möglichkeiten bietet. Lassen Sie mich diesen illustrieren.

Sie bieten einem Kunden X an und verlangen dafür 1.000 €. Nun meint der Kunde, 1.000 € sei ihm zu viel und verlangt, dass Sie den Preis auf 900 € senken. Wenn Sie das nun tun würden, einfach so, dann würden Sie damit auch zugeben, dass Sie zuerst zu viel verlangt haben, dass die 1.000 € überzogen waren. Damit würden Sie auch Ihre Seriosität in Zweifel ziehen und einen Gesichtsverlust erleiden.

So betrachtet können Sie einen Nachlass gar nicht geben, zumindest keinen Nennenswerten, ohne unseriös zu sein oder zumindest zu wirken. Ob Sie sich den Nachlass leisten können oder nicht, hat damit nichts zu tun. Wie kommen Sie aus dieser Situation nun heraus, ohne das Gesicht zu verlieren und ohne das NEIN als Strategie zu verfolgen (was Sie natürlich tun können, wenn das geht)?

Die Antwort lautet: Es muss sich etwas am Deal ändern. Das bedeutet, das, was Sie dem Kunden bieten und das, was der Kunde Ihnen dafür im Gegenzug gibt, darf nicht das Gleiche bleiben, wenn die Leistung einer der beiden Seiten geändert wird. Oder anders ausgedrückt: Wenn Sie dem Kunden entgegenkommen, dann muss er auch Ihnen entgegenkommen.

Dabei geht es nicht in erster Linie darum, dass sich diese beiden Zugeständnisse auf den Euro gerechnet genau ausgleichen (zumal manches, was der Kunde Ihnen geben könnte, auch gar nicht in Euro dargestellt werden kann). Vielmehr geht es darum, einen Ausgleich zu schaffen, der es Ihnen bzw. auch dem Kunden erlaubt, das Gesicht zu wahren.

Es gilt bei solchen Verhandlungen immer das „Zug-um-Zug-Prinzip" – ein beiderseitiges Nehmen und Geben. Was der Verkäufer geben kann, scheint klar: einen Nachlass. Doch Achtung, das ist lange nicht alles. Es gibt sehr viel mehr, wie Sie gleich sehen werden. Auch was der Kunde gibt, scheint klar: Er kauft. Doch auch da gibt es sehr viel mehr Möglichkeiten.

Tapfere Preisverhandlungen, wie sie oft geführt werden, beschränken sich oft auf genau eines, den Preis. Der tapfere Verkäufer tut sein Möglichstes, seinen Preis zu verteidigen. Er ist vielleicht hartnäckig und gibt nur sehr langsam nach, aber mehr auch nicht. Letztlich landet der tapfere Verkäufer bei einem Preis, der (hoffentlich) noch in Ordnung ist für ihn. Aber wie erwähnt ist das, was bei solchen tapferen Preisverhandlungen herauskommt, immer ein Kompromiss für beide Parteien. Keiner hat letztlich das bekommen, was er wollte oder das, was möglich gewesen wäre.

Wenn Sie mutig Preise verhandeln wollen und ein wenig kreativ sind, erhöhen Sie die Chancen, sich einig zu werden und den Auftrag zu erhalten. Doch nicht nur das, das Ergebnis wird tendenziell auch für beide Verhandlungspartner besser und lohnender sein.

Mutig zu sein bedeutet in diesem Fall zwei Dinge: Erstens vom Kunden etwas zu fordern, wenn er von Ihnen etwas fordert – geben und nehmen, Zug um Zug. Zweitens – und das basiert auf dem ersten Punkt – geht es dann darum, ein paar weitere, manchmal sogar ungewöhnliche Möglichkeiten ins Spiel zu bringen, was Sie für den Kunden und er für Sie tun kann, damit es für beide ein gutes Geschäft wird.

Was können Sie als Verkäufer außer einem Preisnachlass dem Kunden bieten oder geben? Vorweg: Die hier aufgelisteten Punkte sind eine Sammlung von Ideen aus verschiedensten Branchen und Bereichen. Welche davon für Sie passt, ohnehin normal oder aber mutig ist und – ganz wichtig – welche möglicherweise übermütig ist, müssen Sie für sich entscheiden. Sie könnten zum Beispiel Folgendes geben:

- *Zugaben*
  Statt den Preis zu reduzieren, können Sie etwas hinzufügen. Das kann eine Leistung oder ein Produkt sein. Das kann mehr von dem sein, was der Kunde ohnehin schon kauft oder auch etwas anderes, ein Zubehörteil zum Beispiel, eine Sonderausstattung oder auch eine bessere Version zum selben Preis. Oder aber auch etwas von diesen Dingen, aber nicht kostenlos, sondern zu einem reduzierten Aufpreis. Nachdem Sie bei Ihren Produkten eine Gewinnspanne haben, ist das, was Sie zugeben, für den Kunden mehr wert als es Sie kostet.

- *Boni*
  Statt einem niedrigeren Preis könnten Sie auch mit Boni arbeiten, die zum Beispiel am Jahresende abgerechnet werden und an bestimmte Bedingungen geknüpft sind. Oft ist das eine bestimmte Mindestmenge, aber es könnten auch Qualitätskriterien sein (im Handel wird das bisweilen gemacht). Das hat den Vorteil, dass der Bonus nur dann bezahlt wird, wenn auch Sie etwas davon haben.

- *Gutschriften*
  Gutschriften zu geben ist besser als ein Preisnachlass. Warum? Wenn die Gutschrift eingelöst wird, dann ist das erst später, also bei einem nächsten Geschäft der Fall und sie verteilt sich kalkulatorisch auf zwei Verkäufe und ist daher – prozentual betrachtet – geringer pro Kauf. Wenn diese nicht eingelöst wird – und das ist öfter als Sie vielleicht denken der Fall – dann haben Sie keinen Nachlass gegeben.

- *Zahlungskonditionen*
  Sie könnten dem Kunden in Sachen Zahlungskonditionen entgegenkommen und zum Beispiel sechzig statt dreißig Tage einräumen. Für manche Kunden ist das ein interessanter Vorteil und für Sie, wenn Sie das Geld nicht dringend benötigen, kein nennenswerter Nachteil.

- *Besonderes Produkt*
  Manchmal gibt es ganz besondere Produkte, die der Kunde normalerweise vielleicht gar nicht bekommt – limitierte Serien oder Sonderanfertigungen. Wenn Sie so etwas zu bieten haben, können Sie damit anstelle einer Preisreduktion arbeiten.

- *Pönalen*
  Ein Pönale, eine Strafzahlung, ist natürlich eine etwas heikle Sache. Immerhin kann sie Sie Geld kosten. Vielleicht sogar mehr als ein Preisnachlass. Wenn Sie aber (recht) sicher sind, dass der Fall, in dem Sie die Pönale bezahlen müssten, nicht eintreten wird, können Sie damit arbeiten. Der Kunde erhält mehr Sicherheit und das ist ihm manchmal mehr wert als ein niedrigerer Preis.
- *Lieferung*
  Wenn die Art der Lieferung (Stückelung oder Verpackung) oder die Geschwindigkeit ein Thema für den Kunden sind, können Sie ihm in diesem Punkt vielleicht entgegenkommen. Liefern Sie schneller oder so, dass es für den Kunden leichter handhabbar ist.
- *Bevorzugte Behandlung*
  Wenn Sie die Möglichkeit einer bevorzugten Behandlung in irgendeinem für den Kunden relevanten Bereich haben, dann ist das ggfs. ein guter Ersatz für einen Preisnachlass. Einige Unternehmen haben diesen Punkt ausgebaut und einen VIP Kundenclub geschaffen. Manche verlangen sogar Geld dafür.
- *Sicherheiten und Garantien*
  Gibt es irgendwelche Sicherheiten oder Garantien, die Sie dem Kunden geben können. Oft sind diese mit dem oben erwähnten Pönale verbunden (müssen es aber nicht sein). Solche Garantien können sehr unterschiedliche Punkte betreffen, die dem Kunden wichtig sind.
- *Gegengeschäfte*
  In manchen Geschäftsbeziehungen können auch Gegengeschäfte in die Verhandlung mit eingebracht werden. Ganz nach dem Motto: Nachlass kann ich Ihnen keinen geben, aber stattdessen kann ich Ihnen anbieten, Bedarf X in Zukunft bei Ihnen zu decken.

Alle diese Varianten haben den Vorteil, dass dadurch der Preis selbst nicht reduziert wird. Einen einmal reduzierten Preis wieder zu erhöhen, ist meist sehr viel schwerer als ihn gar nicht erst zu reduzieren.

Die zweite Seite des Zug-um-Zug-Prinzips ist das, was der Kunde für Sie tun bzw. das, was Sie vom Kunden fordern können. Auch hier gilt wieder: Was von den Beispielen für Sie passt, wählen Sie selbst aus. Der Kunde könnte zum Beispiel Folgendes geben:

- *Leistungsumfang verändern*
  Das im Grunde Naheliegendste ist es, den Leistungsumfang zu reduzieren. Wenn der Kunde weniger bezahlen will, dann bekommt er weniger. Das ist durchaus logisch und wird in manchen Fällen auch akzeptiert werden. Der Kunde kommt Ihnen entgegen, indem er sich mit einem abgespeckten Leistungsumfang oder einem kleineren Produkt bzw. geringeren Menge zufriedengibt. Im Gegenzug bezahlt er dafür weniger. Allerdings reduzieren Sie den Preis dabei nicht. Sie machen lediglich ein neues, anderes Angebot.
- *Größere Mengen*
  Das ist der Klassiker: Der Kunde kauft mehr und erhält dafür einen Mengenrabatt. Dabei reduzieren Sie zwar den Preis, knüpfen ihn aber an eine größere Abnahmemenge.
- *Fixe Mengen*
  Die Mengen, die der Kunde bei Ihnen abnimmt, müssen nicht unbedingt größer sein, damit Sie einen Mengenrabatt geben. Eine andere Variante des Mengenrabatts wäre jener, den Sie gewähren, wenn der Kunde Ihnen eine gewisse fixe Abnahmemenge zusagt, mit der Sie fest rechnen und planen können.
- *Erfolgsanteile*
  Wenn das in Ihrem Geschäft gut kalkulierbar und darstellbar ist und Sie den Mut dafür aufbringen, können Sie Ihre Bezahlung erfolgsabhängig machen und so ggfs. sogar deutlich mehr erhalten, als Sie bei einer fixen Bezahlung bekommen hätten. In manchen Branchen – zum Beispiel bei Beratern, die helfen, Kosten zu reduzieren – wird das häufig und erfolgreich gemacht. Es ist nicht unbedingt immer einfach, so ein Modell zu definieren, dass auch funktioniert, aber potenziell lohnenswert für beide Seiten.
- *Besonderes Produkt*
  Manchmal gibt es ein besonderes, vielleicht neues Produkt, ein innovatives Konzept oder eine ganz spezielle Dienstleistung, die Sie verkaufen wollen, um das dann als Referenzprodukt oder Projekt verwenden zu können. In etlichen Branchen ist das so wichtig, dass sich der Verkäufer entgegenkommender zeigt, wenn der Kunde dafür genau dieses Produkt oder diese Leistung kauft. Als Alternative könnte – bei physischen Produkten – Ihr Kunde auch eines kaufen, das Sie (dringend) loswerden wollen (etwa ein Vorführmodell etc.).

- *Sicherheiten*
  Es gibt Kunden, bei denen Sie als Verkäufer Sorgen haben, ihr Geld rasch zu erhalten. Natürlich können Sie von solchen Geschäften ganz Abstand nehmen, was in vielen Fällen auch das Klügste ist. Sie könnten aber auch als Gegenforderung an den Kunden zusätzliche Sicherheiten (z.B. eine Bankgarantie) verlangen.

- *Demo/ Produktvorführung*
  Wenn Ihr Kunde zustimmt, das Produkt, das er von Ihnen kauft, weiteren Interessenten von Ihnen zugänglich zu machen und zum Beispiel – im Ausgleich für ein Entgegenkommen Ihrerseits – für Vorführungen zur Verfügung zu stellen, dann ist das für Sie definitiv etwas wert. Bei Industrieanlagen, Landmaschinen oder auch IT-Systemen findet sich diese Vorgehensweise relativ häufig.

- *Alleinstellung*
  Wenn Sie das möchten und Ihr gesamtes Angebot sich dafür eignet, dann könnten Sie vom Kunden verlangen, dass er in dem Bereich, den Sie abdecken, seinen gesamten Bedarf ausschließlich bei Ihnen deckt. So machen Sie nicht nur mehr Umsatz, sondern blockieren auch den Mitbewerb. In sehr umkämpften Bereichen kann das eine interessante Variante sein.

- *Empfehlungen*
  Eine der besten Varianten zu neuen Kunden zu kommen ist es, wenn Sie empfohlen werden. Ihr B2B-Kunde hat vermutlich eine Menge Kontakte zu seinen Branchenkollegen, Lieferanten oder auch Schwester- und Tochterfirmen, zu denen er einen Kontakt für Sie herstellen könnte. Im B2C-Geschäft – im Verkauf von Versicherungen und Finanzdienstleistungen etwa – hat das aktive Arbeiten mit Empfehlungen lange Tradition. Eine gute Empfehlung, die Sie im Gegenzug für Ihr Entgegenkommen erhalten, kann sehr viel mehr wert sein als dieses.

- *Testimonial*
  Last but not least könnte Ihr Kunde als Testimonial für Ihre Website, Unterlagen jeglicher Art oder aber auch im Rahmen einer Kundenveranstaltung, auf der er spricht und Gutes über Sie sagt, zur Verfügung stehen.

Sie sehen also, das Feld, das Sie beackern können, wenn Sie den Zug-um-Zug-Gedanken in die Praxis umsetzen wollen, ist ein Weites. Ich bin überzeugt, dass Ihnen über die hier genannten Ideen hinaus noch weitere einfallen, die perfekt zu Ihrem Business passen.

Dafür müssen Sie die Kreativität zulassen und nicht sofort sagen: Das geht nicht. Auch das erfordert Mut.

Das Wichtigste ist es allerdings, den Grundgedanken im Auge zu behalten und mutig etwas zu fordern bzw. zu bekommen, wenn Sie etwas geben. Letztlich wird das auch vom Kunden als fair empfunden, auch wenn das nicht jeder – vor allem nicht jeder professionelle Einkäufer – zugeben wird.

+++++

Den Rest des Kapitels hatte Corinna in einem Zug durchgelesen, nicht ohne ab und an innezuhalten, um sich Stellen zu markieren und sich ein paar Ideen zu notieren, wie und wo sie das Gelesene in ihrem Leben einsetzen konnte.

Sehr spannend für sich fand sie den Gedanken, dass es ja nicht immer ums Geld gehen musste. Als Kundin konnte sie ja auch über Zugaben oder Upgrades dort, wo das passte, verhandeln. Sie konnte sich sehr gut vorstellen, dass es den Verkäufern dabei oft viel leichter fallen würde, ihr entgegenzukommen. Jetzt war sie richtig heiß darauf, das auch gleich auszuprobieren. Doch um diese Tageszeit waren alle Läden geschlossen. Sie nahm sich vor, das aber bei nächster Gelegenheit zu tun.

Als das Telefon läutete, wusste sie bereits, dass es Marc war, noch bevor sie einen Blick aufs Display geworfen hatte. Sie hatte ihm einen speziellen Klingelton verpasst und fragte sich, ob das etwas zu bedeuten hatte, bevor sie abhob.

Sie sprachen eine Zeit lang über den Job und tauschten die Erlebnisse des Tages aus. Corinna erzählte ihm von ihrem Treffen mit Dr. Rüters und Fr. Dr. Schönefeld. Marc meinte, er könne das sehr gut nachvollziehen, da er auch einen Kunden hätte, der Dr. Rüters sehr ähnlich war und gab ihr Tipps, wie sie ihn im nächsten Gespräch vielleicht überzeugen oder zumindest zu ihm vordringen konnte.

Dann wurde es ein Stück persönlicher und irgendwie kamen sie auf ihre früheren Beziehungen zu sprechen. Corinna offenbarte, dass sie sich von ihrem Ex getrennt hatte, da sie ihm auf die Schliche gekommen war, dass er ein Verhältnis mit einer anderen, noch dazu einer gemeinsamen Bekannten hatte.

Es hatte wehgetan und es hatte ein paar Monate gedauert, bis sie darüber weg war – wobei so ganz war sie es immer noch nicht, wenn sie ehrlich zu sich selbst war.

Marc hatte eine längere Beziehung mit einer Frau gehabt, die bereits ein Kind von ihrem Ex-Mann hatte, der bei einem Unfall ums Leben gekommen war. Diese Beziehung war letztlich daran zerbrochen, dass er – wenn auch nicht unbedingt gleich – aber doch auch noch ein eigenes Kind wollte, sie aber kein weiteres mehr.

Corinna meinte, dass sie Kinder haben wollte, es ihr aber im Moment noch zu früh war. Noch wollte sie ihre Karriere voranbringen und noch eine Zeit lang ordentlich Gas geben.

Über so persönliche Dinge hatten sie bisher noch nie gesprochen, doch Corinna stellte fest, dass es sich gut anfühlte. Sie vereinbarten, sich am Freitagabend nach dem Seminar zum Essen zu treffen.

Marc wohnte keine 10 km vom Veranstaltungsort des Seminars entfernt. Er würde ein Restaurant aussuchen, sagte er und tat dabei ein wenig geheimnisvoll.

„Na gut, dann lass ich mich überraschen", sagte sie schmunzelnd. „Das hat ja bisher sehr gut geklappt."

„Glaub mir, du wirst es lieben", fügte er noch hinzu.

„Du, ich glaube, wir sollten jetzt aufhören", sagte Corinna nach einem Blick auf die Uhr Ihres Smartphones. Die Zeit war wie im Flug vergangen und das Display zeigte bereits 0:15 Uhr an. Sie hatten tatsächlich mehr als 2 Stunden telefoniert. „Ich muss morgen oder besser gesagt heute früh raus."

„Ich auch. Morgen Abend? Same time same station?"

„Ja gerne. Kann allerdings sein, dass ich mich morgen mit einer Freundin treffe. Dann schicke ich dir noch eine SMS."

„Alles klar. Gute Nacht und schlaf gut."

+++++

Donnerstag früh stellte Corinna fest, dass sie noch ein Kapitel im Buch zu lesen hatte. Sie wollte es ja fertig gelesen haben, bevor sie am Freitag das Seminar besuchte. Es waren nicht so viele Seiten und sie hatte noch ein wenig Zeit vor ihrem ersten Termin des Tages, der erst um 10 Uhr stattfand und das ganz in Ihrer Nähe. Daher nahm sie das Buch und begann noch während sie frühstückte zu lesen.

+++++

Mutig abschließen

Wenn Verkaufsgespräche einmal so weit gekommen sind – ob mutig oder auch nur tapfer geführt – scheitern Sie öfter, als man denken würde daran, dass der Mut für den Verkaufsabschluss fehlt. Das ist deshalb so enorm wichtig, weil sich im Abschluss entscheidet, ob Sie Umsatz machen oder nur ein Gespräch geführt haben.

Gerade beim Abschluss ist Mut eine der wichtigsten, möglicherweise die allerwichtigste Qualität für einen Verkäufer. Vermutlich kennen Sie diese Situation aus Kundensicht selbst sehr gut. Der Kunde ist schon sehr weit in seiner Entscheidung. Sie haben alle Einwände besprochen und zumindest weitgehend aus dem Weg geschafft. Der Kunde will kaufen, doch er braucht vielleicht noch einen kleinen Schubs, um sich zu einer Entscheidung durchzuringen.

Als Verkäufer haben Sie nun die Aufgabe, man könnte sogar sagen, die Pflicht, den Kunden zu schubsen – im übertragenen Sinn versteht sich. Dafür braucht es Mut, mehr Mut als in den meisten anderen Phasen des Verkaufs, die wir in diesem Buch bereits besprochen haben. Warum? Weil die Angst bei Verkäufern hier am größten ist. Immerhin könnte der Kunde auch NEIN sagen und dann wäre alles verloren, alles umsonst gewesen. Daher wird im Abschluss meist die tapfere Vorgehensweise gewählt. Man arbeitet mit dem Prinzip Hoffnung und hofft, dass sich der Kunde von selbst entscheidet und sagt „Ja, ich will."

Solange der Kunde noch nicht NEIN gesagt hat, denken viele Verkäufer, ist noch nichts verloren. Die Angst, den Kunden durch das Schubsen zu sehr zu drängen, ist weitgehend unbegründet. Ich erlebe so gut wie nie Verkäufer, die an dieser Stelle zu fordernd und drängend sind, allerdings jede Menge, die gar nichts tun und nur warten, dass der Kunde von selbst draufkommt, was er als Nächstes zu tun hat.

Wenn Sie ihm diesen Spielraum lassen, dann wird es oft auch darin enden, dass der Kunde sich die Entscheidung noch einmal überlegen oder mit jemand anderem absprechen will. Das ist nicht grundsätzlich schlecht, aber in vielen Fällen einfach nicht notwendig. Der Kunde hat bereits alle Informationen, die er braucht, um die Entscheidung treffen zu können. Allerdings geht es ihm oft wie dem Verkäufer – auch er hat Angst. Immerhin könnte er die falsche Entscheidung treffen und aus Mangel an Mut, sie dennoch zu treffen, schiebt er sie vor sich her und vertagt sie.

Die beiden trennen sich mit dem oft vagen Versprechen (nicht immer mit einem festen Termin), sich in den nächsten Tagen oder Wochen wieder zu hören bzw. zu sehen. Ja, oft passiert das auch und der Kunde kauft tatsächlich. Aber genauso oft oder auch öfter hören Sie nichts mehr vom Kunden. Er meldet sich nicht und ist auch nicht mehr erreichbar – zumindest für Sie nicht. Irgendetwas ist geschehen, nachdem Sie sich getrennt haben und in vielen Fällen werden Sie nie erfahren, was es war.

Ein tapferer Verkäufer lässt den Kunden, ohne ihn auch nur einmal geschubst zu haben, aus dem Gespräch scheiden in dem Wissen, dass ein mühsames, langwieriges und oft erfolgloses Nachverfolgen des möglichen Geschäftes bevorsteht. Aber tapfer und hartnäckig, wie er oder sie ist, nimmt er das auf sich. Das ist nun einmal sein Job. Wobei, man könnte auch behaupten, das, wofür Verkäufer wirklich bezahlt werden und worin ihre Existenzberechtigung besteht, ist nicht, mit Kunden Gespräche zu führen, sondern Umsatz zu machen und dafür braucht es ein JA des Kunden.

Im Einzelhandel ist die Situation oft noch schwieriger, da eine Nachverfolgung eines Angebotes in vielen Fällen mangels Kontaktdaten des Kunden gar nicht möglich ist.

Um zu vermeiden, dass der Kunde vielleicht auf immer verschwindet, braucht es im Abschluss eine mutige Vorgehensweise. Im Grunde geht es darum, sich (spätestens jetzt) wieder an das Ziel zu erinnern, das Sie sich für das Gespräch gesetzt haben. Was war das nochmal?

Jetzt ist es an der Zeit, das Ziel auch final zu erreichen.

Die Belohnung für Ihren Mut im Gesprächsabschluss ist im Idealfall ein Verkauf bzw. ein Auftrag. Doch ein Gespräch mutig abzuschließen, muss nicht immer einen Auftrag bedeuten. Wenn ein Auftrag noch nicht zustande kommt, dann sollten Sie zumindest eines erreichen: einen konkreten nächsten Schritt. Konkret bedeutet nicht: „Wir hören uns dann wieder." Konkret bedeutet: „Das heißt, ich komme am Dienstag um 16 Uhr zu Ihnen."

Dieser Schritt muss nicht immer ein Treffen, sondern kann – je nach Situation – alles Mögliche sein. Damit es konkret wird, muss es aber – egal worum es geht – zumindest folgende Kriterien erfüllen: Wer macht was (bis) wann? Mit weniger sollten Sie sich nicht zufriedengeben, weil sonst die Gefahr zu groß ist, dass genau nichts geschieht.

+++++

Selbstkritisch musste Corinna sich eingestehen, dass es genau das war, was sie auch die ganze Zeit über tat, wenn es um den Abschluss ging: tapfer verkaufen. Mutig war sie dabei in den seltensten Fällen. Doch was der Autor hier schrieb, ergab durchaus Sinn, viel Sinn sogar. Was sollte schon passieren? Auch für Ihre Kunden war es kein Geheimnis, dass Sie ihnen etwas verkaufen wollte, sie dazu bringen wollte, dass sie ihr Präparat verschreiben. Warum also nicht ein wenig offener damit umgehen?

Die ganze Idee von einem konkreten Gesprächsabschluss, im Zuge dessen sie Abschlussfragen stellte (ein Thema, das als Nächstes folgte, wie sie gesehen hatte), war ihr definitiv nicht neu. In diversen Schulungen, die sie beim Einstieg in das Unternehmen erhalten hatte, war genau das immer wieder ein wichtiges Thema gewesen. Trotzdem blieb es in der täglichen Verkaufspraxis weitgehend auf der Strecke. Das war nicht nur bei ihr so. Corinna war überzeugt bzw. wusste sogar, dass es bei den allermeisten ihrer Kolleginnen und Kollegen genau dasselbe war.

Womit das zu tun hatte, war nicht mangelndes kommunikatives Geschick. Es war die pure Angst vor dem NEIN, das der Kunde sagen könnte und die Angst davor, ihn zu sehr zu bedrängen und damit die Beziehungsebene zu schädigen. Doch diese Angst war hochgradig unbegründet, auch dabei gab sie dem Autor recht.

Sie las weiter, gespannt darauf, ob Sie in puncto Abschlussfragen etwas Neues erfahren würde.

+++++

Mutige Abschlussfragen stellen

Nachdem wir nun geklärt haben, was mutig abschließen bedeutet, stellt sich die Frage nach dem wie? Die Antwort darauf ist im Grunde einfach. Schubsen Sie den Kunden, indem Sie Fragen stellen. Es gibt eine Menge Bücher und Seminare zum Thema Abschlusstechnik (und vielleicht schreibe ich selbst auch noch eines), doch das Wesentliche, das, worauf es wirklich ankommt, ist in den nächsten paar Absätzen leicht erklärt.

Wieder einmal sind es wie erwähnt die Fragen (wie schon so oft im Verlauf dieses Buches) – sogenannte Abschlussfragen – die das Mittel der Wahl für mutige Verkäufer sind. Diese Abschlussfragen unterscheiden sich formal von den Fragen, die Sie in den anderen Phasen eines Verkaufsgespräches einsetzen, überhaupt nicht. Der Unterschied besteht nur darin, wonach Sie fragen – nach der Zustimmung des Kunden zum Kauf.

Sie können dafür alle möglichen Arten von Fragen einsetzen – offen, geschlossene, alternative. Sie können direkt oder auch indirekt fragen. Sie können nach einem JA oder aber auch nach einem NEIN fragen – ja, auch ein NEIN kann den Verkaufsabschluss bedeuten. Das wichtigste ist einfach nur, dass Sie fragen, wenn Ihr Kunde nicht von selbst auf die Idee kommt zu sagen, dass er Ihr Angebot annehmen will.

Ein paar Beispiele für Abschlussfragen:

- Offen: ***„Für welches Model wollen Sie sich nun entscheiden?"***
  Diese Frage ist verkaufspsychologisch vielschichtiger als sie vielleicht aussieht. Mit dieser Frage sagen Sie, dass sich der Kunde entscheiden will und dass er das jetzt auch macht.

- Geschlossen: *„Bleiben Sie bei dieser Variante?"*
  Das ist die einfachste und direkteste Art, nach dem Geschäft zu fragen.
- Alternativ: *„Wird es das größere oder das kleinere?"*
  Wenn der Kunde zwischen zwei Varianten schwankt, ist diese Art der Abschlussfrage sehr passend.
- Direkt: *„Wollen Sie das so haben?"*
  Auch hier wieder eine Frage, mit der ganz direkt nach dem Abschluss gefragt wird – als Kontrast zur Nächsten.
- Indirekt: *„Wie wollen Sie denn bezahlen – Bar oder per Überweisung?"*
  Auf diese Weise fragt der Verkäufer nicht nach dem Abschluss, sondern nach etwas, das zeitlich danach liegt (der Bezahlung in diesem Fall). Wenn der Kunden darauf antwortet und sich für eine Zahlungsvariante entscheidet, hat er implizit auch JA zum Kauf gesagt. Bei indirekten Fragen müssen Sie nicht unbedingt nach der Zahlungsart fragen. Auch die Lieferung, Installation, Inbetriebnahme oder Zusatzausstattungen können die Basis für diese Frageart darstellen.
- Frage nach dem NEIN: *„Gibt es noch etwas, das Sie davon abhält, sich für unser Angebot zu entscheiden?"*
  Diese Frage ist insofern spannend, als der Kunde nicht mit JA, sondern mit NEIN antworten sollte, damit Sie den Auftrag erhalten.

Wie erwähnt muss es nicht der Auftrag sein, den Sie als mutiger Verkäufer anstreben, aber zumindest ein nächster konkreter Schritt. Auch dafür können Sie mit genau denselben Fragearten arbeiten. Ein paar Beispiele dazu:

- Offen: *„Wann sehen wir uns den wieder?"*
- Geschlossen: *„Passt Ihnen Dienstag um 14 Uhr für ein nächstes Treffen?"*
- Alternativ: *„Ist Ihnen am Mittwoch der Vormittag oder Nachmittag lieber?"*
- Indirekt: *„Wollen wir uns wieder im Büro treffen oder den Rest bei einem Mittagessen besprechen?"*

Das wären Fragen, die ich etwa verwenden würde, um nächste Termine zu vereinbaren. Letztlich ist es egal, mit welchen Fragen Sie im Verkaufsabschluss arbeiten, solange Sie sie stellen.

Die Angst, durch eine derartige Frage den Kunden zu sehr zu drängen und so zu verärgern, dass er nicht kauft (und genau um diese geht es bei vielen Verkäufern) halte ich für unbegründet. Erstens ist es eine Frage und kein Befehl. Sie stellen den Kunden vor die Wahl und er kann selbst und frei entscheiden.

Und zweitens: Einmal angenommen, dem Kunden gefällt Ihr Angebot, aber er ist sich einfach noch nicht ganz sicher und will noch ein wenig überlegen. Jetzt kommen Sie und fragen ihn, ob er sich dafür entscheiden kann

.

Dass der Kunde daraufhin denkt: „Eigentlich wollte ich es, aber jetzt, wo Sie mich danach fragen, mag ich es plötzlich nicht mehr!", halte ich für sehr unwahrscheinlich. Sie auch?

Wenn er NEIN sagen will, dann tut er das ohnehin. Entweder er sagt es laut und Ihnen direkt ins Gesicht oder aber leise, nur für sich und Sie erfahren nie davon, weil Sie den Kunden nicht mehr wiedersehen. Nüchtern betrachtet: Was ist Ihnen lieber? Die „ins Gesicht Variante" ist zwar schmerzhafter, das verstehe ich durchaus, aber in vielerlei Hinsicht besser. Immerhin haben Sie dadurch die Möglichkeit, noch etwas zu unternehmen. Offenbar gibt es noch einen oder mehrere Einwände, die bisher übersehen wurden oder noch nicht abgehakt sind. Und selbst wenn Sie das Steuer nicht mehr herumreißen können, sparen Sie durch ein rasches und direktes NEIN Zeit und vor allem auch Energie. Die Zeit und Energie, die Sie sonst verwenden würden, um dem Kunden bzw. dem Interessenten nachzulaufen.

Man könnte also auch sagen:

„Holen Sie sich Ihr NEIN ab!"

Mutig abschließen bedeutet, sich die NEINs abzuholen und das so rasch wie möglich. Denn dort, wo die NEINs sind, sind auch die JAs – bunt gemischt mit den NEINs. Je mehr NEINs Sie sich holen, desto größer die Wahrscheinlichkeit, dazwischen auch immer wieder auf ein JA zu stoßen. Viel Erfolg dabei.

+++++

Die Abschlussfragen waren zwar nicht neu, aber eine sehr gute Auffrischung gewesen. Sie hatten ihr einen Impuls gegeben, den sie für den bevorstehenden Tag sehr gut brauchen konnte. Überhaupt war es eine gute Idee, so stellte sie fest, morgens noch vor dem ersten Kundentermin etwas Motivierendes und bzw. oder Informatives zu lesen, das sie während des Tages gleich gut nutzen konnte. Sie beschloss, das in Zukunft öfter zu machen – vielleicht sogar als kleine Morgenroutine.

+++++

Mutig leben

Damit sind wir durch. Der Kunde hat gekauft. Sie haben den Auftrag erhalten. Natürlich könnte man sagen – und das ist auch durchaus richtig – dass der Verkauf zwar abgeschlossen ist, die Kundenbeziehung aber weitergeht oder überhaupt gerade erst begonnen hat. Wenn Sie die Idee des Buches während des Lesens bereits immer wieder in Ihren Kundengesprächen angewandt haben, dann werden sich diese verändert haben. Aber noch viel wichtiger: Sie werden sich verändert haben. Anders wäre es auch gar nicht möglich. Mit einem Buch wie diesem arbeiten Sie zwar an Ihrer Gesprächsführung, allerdings ist das nur die Oberfläche, das, was leicht erkennbar ist.

Doch die wirkliche Arbeit geht sehr viel tiefer und weiter. Das Umsetzen eines mutigeren Verkaufsprozesses ist Arbeit an Ihrer Persönlichkeit, es ist Persönlichkeitsentwicklung. Die Art, wie Sie Gespräche führen, ist – wie alles andere im Leben ebenso – ein Spiegel Ihrer Persönlichkeit. Vielleicht haben Sie das auch bemerkt. Oder aber Sie haben unter diesem Aspekt noch nie darüber nachgedacht, stellen aber jetzt gerade fest, dass der Gedanke durchaus interessant ist und beginnen darüber nachzudenken.

„How you do anything, you do everything", pflegt T. Harv Eker, ein US-amerikanischer Kollege von mir gerne zu sagen bzw. zu schreiben. Diesen Gedanken zitiere ich sehr gerne, weil er für mich eine der wesentlichen Wahrheiten in puncto Persönlichkeit darstellt, alle Lebensbereiche betrifft und überall große Auswirkungen hat. In unserem Fall bedeutet er, dass Sie – wenn Sie es schaffen, mutiger zu verkaufen – in vielen Lebensbereichen auch mutiger sein werden. Mutig zu verkaufen und dabei nicht mutig zu leben, geht gar nicht – außer vielleicht bei einer gespaltenen Persönlichkeit, die Sie vermutlich nicht haben.

Wenn dem ohnehin so ist, dass Ihre Arbeit im Verkaufsbereich Auswirkungen auf Ihre Persönlichkeit und damit auf Ihr ganzes Leben hat, könnten Sie natürlich den Gedanken bzw. das Konzept des „mutigen Verkaufens" auch einen Schritt weitertragen und es ganz bewusst und aktiv in anderen Lebensbereichen übernehmen.

Wenn Sie, so wie ich, ein ganz normaler, auch mit dem ein oder anderen Fehler, der ein oder anderen Schwäche behafteter Mensch sind, dann werden Sie in einigen Bereichen bzw. Situationen Ihres Lebens immer wieder unter Ihren Möglichkeiten bleiben.

Sie werden sich in der Komfortzone erholen, um dort aufzutanken, was gut ist, dann aber feststellen, dass Sie es übertrieben haben und sich schon sehr viel länger dort befinden als notwendig gewesen wäre. Sie werden – wie alle anderen auch – gewisse Grenzen nicht oft genug oder auch gar nicht überschreiten. Sie werden sich mit dem zufriedengeben, was ausreichend ist und damit auf das verzichten, was möglich wäre. Sie werden den Spatzen in der Hand behalten und die Taube auf dem Dach Taube sein lassen. Sie werden sich selbst belügen und sich einreden, dass Tauben ohnehin nicht so toll und Spatzen die im Grunde viel besseren Tiere sind. Sie werden sich das aber nicht glauben, nicht wirklich, nicht, wenn Sie ehrlich zu sich sind. Aber wenn Sie mutig sind, dann werden Sie sich für all das nicht geißeln oder gar verdammen, sondern es als Teil Ihrer jetzigen Persönlichkeit akzeptieren und sich trotzdem mögen.

Auf dieser Basis können Sie beginnen, aktiv daran zu arbeiten, mutig zu leben – nicht als Flucht vor Ihrem jetzigen „ich", sondern als bewussten Schritt von dem Guten, das bereits ist, zu dem noch Besseren, das sein kann. Raum bzw. Möglichkeiten dafür gibt es mehr als genug – Ihre Beziehung, Ihre Finanzen, die Erziehung Ihrer Kinder (falls Sie welche haben), die Auswahl Ihrer Freunde und der Umgang mit Ihnen, die Art, wie Sie Ihre Freizeit verbringen, wie und wo Sie Urlaub machen – überall haben wir unsere Komfortzonen, die wir teilweise genießen, manchmal aber auch nur tapfer ertragen.

Und überall, wo es eine Komfortzone gibt, gibt es auch Grenzen, die Sie mit etwas Mut überschreiten können, um Neuland zu betreten. Dabei müssen Sie nicht gleich losstürmen. Es reicht, wenn Sie einen ersten kleinen Schritt machen, um festzustellen „das geht ja, ist gar nicht so schlimm wie befürchtet" und dann noch einen und einen weiteren. Wenn Sie das beibehalten und einfach immer wieder einen Fuß vor den anderen setzen, dann ist es unvermeidbar, dass Sie vorankommen.

Ja, manchmal passt irgendwann die Richtung nicht mehr. Kein Problem. Sie haben Sie gewählt, Sie können Sie ändern, solange Sie nur die Kontrolle über Ihre Schritte haben und diese bewusst setzen.

Viel Erfolg auf Ihrem Weg – wo immer er Sie auch
hinführen mag.

Ihr

PS: Vielleicht kreuzen sich unsere Wege ja sogar irgendwann.

+++++

Das war ein schöner Abschluss, fand sie. „Und ja, Herr Kmenta, unsere Wege werden sich kreuzen, früher als Sie vermutlich dachten, als Sie dieses Buch geschrieben haben", dachte Corinna nicht ohne dabei schmunzeln zu müssen. Die Vorfreude auf das bevorstehende Seminar war durch das Lesen des Buches deutlich gestiegen. Sie war schon sehr gespannt, ob der Autor im Seminar das halten konnte, was er im Buch versprach und war neugierig, ihn kennenzulernen.

„How you do anything, you do everything!" Wie wahr, dachte sie. Corinna hatte diesen Spruch schon irgendwo gehört oder gelesen. Jetzt, als sie darüber nachdachte, stellte sie fest, dass er sehr viel größere Bedeutung hatte – auch für sie und ihr Leben – als sie damals vermutlich angenommen hatte.

„How you do anything, you do everything", wiederholte sie noch mehrmals im Geiste und es fielen ihr einige Dinge ein, die sie machte und mit denen sie nicht sehr glücklich war. Wie wirkten sich diese wohl in anderen Lebensbereichen aus? So gesehen hatten diese Kleinigkeiten, über die sie oft hinwegsah, sehr viel größere Bedeutung und beeinflussten auch sehr große, wichtige Dinge in ihrem Leben. Sie nahm sich vor, darüber noch weiter nachzudenken, doch nicht jetzt. Jetzt musste sie sich sputen, um noch rechtzeitig zu ihrem Termin zu kommen. Sie hoffte, dass es keinen Stau gab, doch das Navi im Auto zeigte glücklicherweise nichts dergleichen an. Sie fühlte sich energiegeladen und motiviert, als sie zu ihrem ersten Termin losfuhr.

+++++

Endlich war es so weit. Corinna war früh losgefahren und gut durchgekommen. Das Seminar begann erst um 9 Uhr. Um 8 Uhr stand sie allerdings schon im Foyerbereich, hatte bei der Mitarbeiterin am Seminarempfang eingecheckt und trank jetzt in aller Ruhe einen schlechten Kaffee –einen guten hatte sie von einem Seminarhotel aus Erfahrung ohnehin nicht erwartet. Nach und nach trudelten weitere Teilnehmer ein. Corinna fragte sich, wie viele es wohl werden würden und warf nochmals einen Blick auf die Seminarankündigung. „Limitiert auf 15 Teilnehmer" stand da – klein aber fein. Das war ihr ohnehin lieber als die großen Gruppen.

Beim Warten war sie mit einem Mann mittleren Alters ins Gespräch gekommen, der sich als Erich vorstellte.

Er erzählte ihr, dass er gerade eine Vertriebsorganisation im medizinisch-technischen Bereich aufbaute und sich hier Tipps und Strategien holen wollte, die er mit seinen Verkäufern dann umsetzen konnte. „Wenn das Seminar gut ist", sagte er, „werde ich unsere Verkäufer auch herschicken oder Herrn Kmenta vielleicht für ein inhouse Training engagieren."

Um 8:45 Uhr gingen die Türen zum Seminarraum auf und die Teilnehmer suchten sich ihre Plätze. Roman Kmenta betrat den Raum, stellte sich vorne in die Mitte und begann unvermittelt mit der Frage „Waren Sie heute schon mutig?"

Einige der Teilnehmer lächelten, weil sie, wie es schien, das Buch gelesen hatten und sich wahrscheinlich – so wie Corinna auch – ertappt fühlten.

„Wer hat beim Warten auf den Einlass fremde Menschen, die jetzt hier sitzen, aktiv angesprochen? Wer ist vielleicht noch einen Schritt weiter gegangen und hat einer dieser fremden Personen ein Kompliment gemacht? Wer von denen, die hier im Hotel nächtigen, hat vielleicht versucht, ein Upgrade auf die nächsthöhere Zimmerkategorie kostenlos zu bekommen?" Er blickte schweigend in die Runde und blickte jeden einzelnen Teilnehmer kurz an. Niemand meldete sich zu Wort.

„Warum frage ich das? Erstens heißt das Seminar, für das ihr euch angemeldet habt, schließlich ‚Mutig verkaufen' und für all das braucht man Mut. Nicht wahnsinnig viel Mut – zugegeben – aber doch mehr als wir normalerweise haben oder nutzen. ‚Moment, es geht doch heute ums Verkaufen' werden manche jetzt vielleicht denken. Ja stimmt, doch Mut ist aus meiner Erfahrung nichts, was man in einem Bereich hat und in einem anderen gar nicht. Menschen sind in Ihrer Gesamtheit mehr oder weniger mutig. Aus Jahrzehnten Arbeit mit unzähligen Verkäufern weiß ich, dass wenig mutige Verkäufer auch in anderen Bereichen – wie z.B. beim Warten auf den Beginn eines Seminars – nicht sehr mutig sind." Wieder schwieg er ein paar Sekunden.

„‚How you do anything, you do everything' – Wie ein amerikanischer Kollege von mir zu sagen pflegt. Ein Spruch, der viel in meinem Leben verändert und sehr zu meinem beruflichen Erfolg beigetragen hat. Aber wenn wir schon von Mut sprechen und uns zwei Tage mit dem Begriff im Verkauf beschäftigen werden, dann sollten wir als Allererstes definieren, was das Wort überhaupt bedeutet und was nicht."

Der Vormittag verging wie im Flug. Als Corinna wieder auf die Uhr blickte, war es bereits fast 12:30 Uhr und der Hunger machte sich bemerkbar. In der Kaffeepause am Vormittag hatte sie sich das Ziel gesetzt, mit allen Teilnehmern ins Gespräch zu kommen. Das schaffte sie nicht ganz, dafür war die Pause natürlich viel zu kurz, aber bis zum Tagesende würde sie das erreicht haben. Motiviert vom Trainer waren alle anderen auch sehr offen für neue Kontakte und es war sehr rasch eine Atmosphäre entstanden, in der jeder mit jedem reden wollte. Die Energie war hoch und es fühlte sich gut an, fand Corinna.

Zu Mittag setzte sie sich zu Erich, mit dem sie am Morgen schon ins Gespräch gekommen war. Er erzählte ihr von seinen Plänen mit dem neuen Unternehmen und Corinna fand es inspirierend, wie sehr er dafür zu brennen schien. Obwohl sie ihren Job mochte, beneidete sie ihn um seine Aufgabe. Diese Art von Herausforderung und Leidenschaft würde sie in ihrem aktuellen Umfeld wohl nie erleben. Sie konnte sich nicht vorstellen für das, was sie jetzt machte, so viel Motivation zu entwickeln wie Erich für seine Aufgabe.

Sie erzählte Erich von ihrer Tätigkeit im Pharmabereich und von den Herausforderungen, vor denen sie stand. Er schien zu bemerken, dass sie angesichts seiner Geschichte ein wenig unzufrieden mit ihrer aktuellen Situation war.

„Lass dich nicht täuschen, Corinna, auch wenn mir das, was ich mache, wirklich Spaß macht, ist es definitiv kein Honiglecken. Ich arbeite auch sehr viele Stunden und stehe fast täglich vor schwierigen Situationen. Gerade jetzt am Beginn ist das Ganze auch noch eine recht wackelige Sache. Ich bin sehr zuversichtlich, dass wir erfolgreich sein werden, aber sicher ist das noch lange nicht."

„Das ist mir schon klar. Ich sehe nur, wie sehr du für das, was du machst, brennst und wünsche mir, auch so etwas zu haben. Mein Job macht mir Spaß, verstehe mich nicht falsch, aber nicht so sehr wie deiner dir, denke ich."

Sie philosophierten noch eine Zeit lang über Jobs, Spaß und Erfüllung und Erich erzählte, dass er zuvor in einer ähnlichen Situation war. Er war in einer Konzerntochter Geschäftsführer gewesen und hatte sich ähnlich gefühlt wie Corinna. Der Job war ok und hatte ihm Spaß gemacht, doch gleichzeitig spürte er auch, dass er ihn nicht wirklich erfüllte.

Da musste es mehr geben. Als ihm das Angebot gemacht wurde, ein neues Unternehmen aufzubauen, hatte er – nach einiger Überlegung - auf ein sehr fettes Gehalt verzichtet und sich in die neue Aufgabe gestürzt.

Mutig, wie Corinna fand, zumal er auch finanziell betrachtet sehr viel mehr, als sie selbst zu verlieren gehabt hatte.

„Ich will nicht irgendwann einmal zurückblicken und bedauern, dass ich das eine oder andere nicht gemacht habe." Dieser Satz hatte sich bei Corinna eingeprägt und gab ihr den ganzen Rest des Tages zu denken

Am Nachmittag machten sie dann etliche Übungen in Kleingruppen, unter anderem auch Gesprächsübungen, wie sie sie schon aus ihrem Unternehmen kannte und auch dort nie gemocht hatte.

Doch in diesem Umfeld war es anders. Es war alles anonymer und sie brauchte sich keine Sorgen zu machen, dass sie vielleicht bei Ihrer Chefin, die auch immer wieder dabei war, unangenehm auffallen oder sich gar blamieren würde. Nach der ersten Runde begann sie sogar etwas Gefallen daran zu finden. Bei der zweiten Runde war sie in der Rolle der Verkäuferin und saß Erich als Kunden gegenüber, wodurch es ihr ein wenig leichter fiel, da sie sich schon einigermaßen gut kannten. Erich war nicht wirklich schwierig, aber forderte sie bis an die Grenzen und ein wenig darüber hinaus.

Roman Kmenta hatte ihnen für die Übungen eingeschärft, Dinge und Verhaltensweisen auszuprobieren, die sie in ihrer täglichen Verkaufspraxis noch nie ausprobiert hatten und vielleicht auch nicht testen würden. Zu groß war die Gefahr, einen Kunden vor den Kopf zu stoßen oder gar zu verlieren.

Doch hier, im geschützten Rahmen, konnten sie alles tun, ohne diese Befürchtungen haben zu müssen. Dennoch fiel es ihr nicht leicht, die Dinge umzusetzen, die Thema der Übung waren. Natürlich ging es darum – ganz im Sinne des Seminars – im Verkauf mutiger zu sein und die eigene Komfortzone zu verlassen. Seltsam eigentlich, fand Corinna, dass es sogar hier in diesem Rahmen schwierig war. Doch gelang es ihr recht gut, wie sie fand und sie lieferte im Gespräch mit Erich eine Performance ab, die sich sehen lassen konnte.

So sehr sie das Seminar genoss, war sie – als Roman Kmenta gegen 18 Uhr einen kurzen Ausblick auf den zweiten Tag gab und nach einer kurzen Abschlussrunde die Schlussworte sprach, recht froh, dass es zu Ende war. Sie war inspiriert und voller Ideen und doch müde und geistig erschöpft. So sehr sie sich darauf freute, den Abend mit Marc zu verbringen, so sehr wünschte sie sich stattdessen, sich einfach nur eine Pizza zu organisieren und diese vor dem Fernseher im Bett liegend zu essen. Aber natürlich würde sie mit Marc zu Abend essen.

Eine halbe Stunde ausgestreckt auf dem Bett, vom Fernseher berieselt, ohne wirklich zu verfolgen, was lief und eine zuerst heiße und dann kalte Dusche später waren Corinnas Energiespeicher wieder so weit aufgefüllt, dass sie sich fit für einen Abend zu zweit fühlte.

Es wurde ein richtig schöner Abend, der mit einem Morgen danach in Corinnas Hotelzimmer endete. Sie hatte sich in ihre Teenagerzeit zurückversetzt gefühlt, als sie Marc unbemerkt ins Hotel schmuggelte. Dass sie etwas „Verbotenes" taten, steigerte den Reiz daran, wie Corinna feststellte. Die Flasche Wein, die sie beim Edelitaliener geleert hatten, tat das ihre dazu. Als sie wach wurde und die Augen aufschlug, brauchte sie ein paar Momente, um sich zu orientieren und den Mann, der neben ihr im Bett lag, einzuordnen. Sie stellte fest, dass es sich zwar sehr ungewohnt, aber auch sehr gut anfühlte und drückte sich an ihn, um ihn mit einem Kuss in den Nacken zu wecken.

+++++

Gerade noch pünktlich um 9 Uhr hatte sie es zum Seminar geschafft. Es war ihr schwergefallen, sich loszureißen. Marc war noch im Bett, als sie ging. Im Trubel des Vormittags würde es ihm nicht schwerfallen, unbemerkt aus dem Hotel zu verschwinden.

Alle anderen saßen schon und Roman Kmenta hatte gerade „Guten Morgen" gesagt. Mehr als ein Dutzend Augenpaare folgten ihr, als sie hereinkam und zu ihrem Platz ging, der – wie sie feststellte – bereits vergeben war. Sie hatte das Gefühl, rot anzulaufen, weil alle zu wissen schienen, wo sie herkam und was sie die letzte Nacht so erlebt hatte, was natürlich Blödsinn war.

Leicht irritiert setzte sie sich auf den einzig freien Platz, um von ihrer Sitznachbarin zu erfahren, dass sich jeder auf einen anderen Platz als tags zuvor setzen sollte. Eine kleine Aufwärmübung in Sachen Komfortzone verlassen.

Heute standen die Themen Einwandbehandlung, Preisverhandlung und Verkaufsabschluss auf dem Programm. Da sie das Buch gelesen hatte, kannte sie vieles von dem, was Roman Kmenta sagte bereits. Doch interessanterweise stellte sie fest, dass es doch noch einmal etwas ganz anderes war, das eine oder andere aus dem Mund des Autors selbst zu hören. Er hatte zu allem ein Beispiel, eine Geschichte oder etwas anderes zu erzählen, was die jeweilige Strategie noch besser erklärte, als es das Buch allein tat. Es war wie am Vortag kurzweilig und unterhaltsam.

Zu Mittag kam Erich kurz an ihrem Tisch vorbei und sagte, er hätte etwas mit ihr zu besprechen und fragte sie, ob sie sich nach dem Essen wohl auf einen Kaffee in einer stilleren Ecke des Seminarhotels treffen könnten.

„Ja klar", antwortete Corinna und platze fast vor Neugier, widerstand aber der Versuchung zu fragen, worum es ging. Sie hatte so eine plötzliche Eingebung, eine vage Ahnung, würde es aber ohnehin in Kürze erfahren.

Zwanzig Minuten später saßen sie in einer gemütlichen Ecke vor einem Espresso.

„Corinna, es wird dich vielleicht überraschen, aber ich will mit dir über in Jobangebot sprechen."

Corinna zeigte sich deutlich überraschter, als sie tatsächlich war. Am Vortag hatte sie schon daran gedacht, wie spannend es doch wäre, in so einem jungen Unternehmen ohne die engen Rahmenbedingungen ihres jetzigen Arbeitgebers zu arbeiten.

„So, wie ich dich jetzt die letzten eineinhalb Tage kennengelernt habe, könnte ich mir gut vorstellen, dass du in unser Unternehmen passt, wenn du Lust auf einen Wechsel in so eine doch ganz andere Welt hast."

„Mmmh, ich habe dir ja gestern schon gesagt, dass ich es toll finde, wie begeistert du von dem bist, was du tust. So wie du es mir beschrieben hast, könnte ich mir das grundsätzlich gut vorstellen", antwortete sie, ohne groß nachdenken zu müssen. „Es ist zwar wahrscheinlich ein ganz anderes Unternehmensumfeld, da hast du recht, gleichzeitig aber doch eine artverwandte Branche. Es geht um Gesundheit und Medizin im weiteren Sinn. Ich könnte mir sehr gut vorstellen, solche Produkte zu verkaufen."

„Ähm, da hast du mich wohl etwas missverstanden", antwortete Erich. „Ich möchte dich nicht als Verkäuferin einstellen. Vielmehr suche ich jemanden, der statt mir die Verkaufsleitung macht und den Vertrieb auf- und ausbaut. Ich selbst habe so viele andere Dinge zu tun, dass ich das relativ bald abgeben muss."

Nun war Corinna doch überrascht und brauchte ein paar Sekunden, um sich zu fangen und Erich eine Antwort zu geben.

+++++

In den letzten 12 Monaten war mehr geschehen als die 5 Jahre zuvor, zumindest fühlte es sich für Corinna so an. Sie hatte nicht lang überlegen müssen, um Erich zu sagen, dass sie diese Aufgabe sehr gerne übernehmen würde. Vermutlich auch bedingt durch das Seminar war sie in einer „mutigen" Stimmung. Erst auf dem Nachhauseweg hatte sie sich gefragt, ob es wirklich so schlau war, einen einigermaßen sicheren Job bei einem etablierten Unternehmen gegen so eine Herausforderung in einem Start-up zu tauschen.

Immerhin hatte sie keine Erfahrung als Führungskraft. Was würden etwaige männliche und vielleicht ältere und deutlich erfahrenere Kollegen wohl sagen, eine junge Frau als Chefin zu bekommen? Viele Fragen gingen ihr durch den Kopf. Sie hatte zumindest großen Respekt und wenn sie ehrlich war, auch ein wenig Angst vor diesem Schritt.

Doch selbst Angst war in diesem Fall letztlich kein Grund gewesen, diesen Schritt nicht zu machen. Sie hätte sich ansonsten vermutlich ewig gefragt, wie ihr Leben wohl verlaufen wäre, wenn sie ihn gemacht hätte und ihre Entscheidung Hunderte Male bedauert.

Respekt war – wie sich gezeigt hatte – durchaus angebracht gewesen. Sie brauchte ein gutes halbes Jahr, um sich in Ihrer Stellung als Verkaufsleiterin im Team auch zu behaupten. Die ersten Monate hatte es immer wieder Grabenkämpfe gegeben. Mehr als einmal war sie nahe daran, alles hinzuschmeißen, doch dank der Unterstützung von Erich hatte sie es dann doch nicht getan. Von den ursprünglichen fünf Verkäufern – alles Männer – waren zwei gegangen. Dafür hatte sie drei neue Verkäuferinnen ins Team geholt. Ein wenig mehr Diversität würde dem Team guttun, wie sie fand.

So oder so hatte sie viel gelernt und war – nach eigenem Gefühl – enorm gewachsen.

Das Marktumfeld war immer noch herausfordernd, doch sie konnten inzwischen einige Erfolge verbuchen und waren auf dem richtigen Weg.

Auch Marc war ihr in dieser Zeit eine große Hilfe gewesen. In all den Momenten, wo sie so frustriert gewesen war, dass sie alles hinschmeißen wollte, hatte er sie aufgefangen und ihr den Halt gegeben, den sie brauchte.

Nach ihrer ersten gemeinsamen Nacht während des Seminars waren sie sozusagen offiziell ein Paar. Die ersten Monate hatte sie noch in ihrer alten Wohnung gewohnt. Ihr neuer Job ermöglichte es ihr ohnehin, von überall aus zu arbeiten. Die Zentrale, die sie zumindest einmal pro Woche besuchte, war ganz in der Nähe von Marcs Wohnort und so konnte sie Beziehung und Job recht gut vereinen. Die restliche Zeit war sie ohnehin so viel unterwegs, dass ihr Hauptwohnsitz täglich wechselnde Hotels waren.

In letzter Zeit war ihre Reisetätigkeit etwas weniger geworden und sie sollte auch mehr Zeit am Firmensitz verbringen. Nachdem sie ohnehin schon öfter darüber gesprochen hatten, war die Entscheidung zusammenzuziehen, nicht mehr sehr schwierig gewesen.

So stand sie jetzt in Marcs Küche, die jetzt auch die ihre war und genoss einen unglaublich guten Espresso. Es war der Running Gag zwischen den beiden, dass sie nur der tollen italienischen Espressomaschine wegen zu Marc gezogen war.

Es war zwar erst 7 Uhr, doch sie sollte aufbrechen. Sie hatte Roman Kmenta mit seinem zweitägigen Seminar „Mutig verkaufen" für ihr Team engagiert und wollte vor dem Seminarstart noch mit dem Vortragenden frühstücken.

ÜBER DEN AUTOR

Marketing- und Preisexperte Roman Kmenta ist seit mehr als 30 Jahren als Unternehmer, Keynote Speaker und Bestsellerautor international tätig. Der Betriebswirt und Serienunternehmer stellt seine langjährige, internationale Marketing- und Verkaufserfahrung im B2B- wie B2C-Bereich heute über 100 Top-Unternehmen sowie vielen Kleinunternehmen und Einzelunternehmern in Deutschland, der Schweiz und Österreich zur Verfügung.

Mehr als 30.000 Menschen lesen wöchentlich seinen Blog, hören seinen Podcast bzw. konsumieren seine Tipps auf Social Media Kanälen. Mit seinen Vorträgen gibt er Verkäufern, Führungskräften und Unternehmern Denkanstöße zum Thema „profitables Wachstum" und setzt bei seinen Zuhörern und Lesern Impulse in Richtung eines wertorientierten Verkaufs- und Marketingansatzes.

www.romankmenta.com

Du wärst gerne mutiger?

Hole dir das Workbook und mache den Kurs

Mut ist lernbar

„Den Mutigen gehört die Welt!" sagt schon ein altes Sprichwort. Und ja, mehr Mut zu haben, ist in vielen Lebensbereichen ein Vorteil – im Beruf, in der Partnerschaft und im Umgang mit anderen ganz allgemein.

Hast du das Gefühl immer mutig genug zu sein? In allen Lebenslagen? Ehrlich? Wenn nicht – oder nicht immer – dann geht es dir wie vielen, vermutlich den allermeisten anderen Menschen auch. Vielen fehlt es an dem Mut, den sie brauchen würden, um

- ihrem Leben die entscheidende Wendung zu geben,
- die kleinen, aber oft sehr nervigen Hindernisse im Alltag zu überwinden,
- endlich das zu sagen, was sie schon lange sagen wollen,
- endlich das tun, was sie immer schon machen wollten,
- ... und vor allem, das endlich bleiben zu lassen, was ohnehin sinnlos geworden ist.

Dieses Buch ist nicht nur ein Buch. Es ist ein unterhaltsames Trainingsprogramm, mit dem du deinen Mutmuskel stärken kannst, um dein Leben so zu gestalten, wie du es immer schon wolltest.

ROMAN KMENTA
KEINE ANGST
DAS MUT MACH BUCH
EIN UNTERHALTSAMES TRAININGSPROGRAMM FÜR MEHR MUT UND SELBSTWERT
67 HERAUSFORDERUNGEN, DIE DEIN SELBSTBEWUSSTSEIN STÄRKEN

Nie mehr sprachlos in Preisgesprächen

Zu teuer! – Hören Sie das immer wieder in Preisverhandlungen? Damit Sie in Preisgesprächen nie mehr sprachlos sind und immer die passende Antwort zur Einwandbehandlung parat haben, finden Sie in diesem Buch 118 Antworten auf Preiseinwände. Das Spektrum geht von frech bis überzeugend, von vernünftig und kalkuliert bis humorvoll ... in jedem Fall aber profitabel!

Mit diesem Buch werden Sie:

- in Preisverhandlungen immer die passende Antwort auf Einwände finden,
- neue Verhandlungstechniken und Methoden der Einwandbehandlung kennenlernen,
- lernen, psychologische Tipps und Strategien in der Preisverhandlung effektiv einzusetzen,
- Ihre Verhandlungsführung erfolgreicher machen,
- beim Preise verhandeln bessere Ergebnisse erzielen,
- mehr Spaß bei der Preisverhandlung haben.

Leserstimmen

„Von pragmatisch bis emotional, frech und vor allem für verschiedenste Branchen und Situationen umsetzbar."

„Im Vertrieb geht es oft um Reframing und Wortgewandtheit. Man merkt, dass die lange Liste aus einem großen Erfahrungsschatz entstanden ist, der seinesgleichen sucht."

„Top! – Ich habe schon viele teure Seminare besucht und viel weniger in der Praxis anwendbare Sprüche erhalten."

„Frech, innovativ, mutig und selbstbewusst seinen Wert verkaufen!"

„Selten so gelacht und so vieles wiedergefunden!"

Buch: Hier bestellen >> https://amzn.to/3qxMRBq
Karten: Hier bestellen >> https://amzn.to/3JPc9Cs

ZU TEUER!
118 ANTWORTEN AUF PREISEINWÄNDE
Überarbeitete Neuauflage – jetzt noch mehr Antworten!
Für jede Preisverhandlung die passende Einwandbehandlung
ROMAN KMENTA

Zu teuer!
50 Antworten auf Preiseinwände
Lern- und Übungskarten für erfolgreiche Verkaufsgespräche

Das Verkaufsbuch als Roman – kurzweilig und Augen öffnend

Jochen verkauft Autos und ist mäßig erfolgreich dabei. Dann bekommt er einen neuen Chef und alles beginnt sich zu verändern. Nicht nur, dass mit dem Prozess, den dieser in Gang setzt, berufliche Grenzen weit jenseits dessen verschoben werden, was Jochen für möglich gehalten hätte. Diese Veränderungen stellen sein gesamtes Leben auf den Kopf. Und alles beginnt mit zwei kleinen Worten – „Be Cause".

NLP im Verkauf – Vom Profi zum Top Experten

Geschickt verpackt NLP Lehrtrainer und Autor Roman Kmenta Strategien und Techniken der Neurolinguistischen Programmierung in einen packenden, lebensnahen Roman, in der ein Verkäufer die Hauptrolle spielt. Metaprogramme, Spiegeln / Pacing, Augenbewegungsmuster, Rapport und eine Reihe weiterer NLP Konzepte, die für den Vertrieb relevant sind, sind mit der spannenden und kurzweiligen Story eng verwoben. Ein NLP Buch, das unterhält und mit dem selbst Profis auf einem ganz neuen Niveau verkaufen lernen können.

Mit diesem Buch werden Sie

- lernen, Ihre Kunden und die Welt mit ganz neuen Augen zu betrachten
- eine Fülle von Dingen wahrnehmen, die Ihnen bisher vollkommen entgangen waren
- erfahren, was die wahrhaft entscheidenden Faktoren in Verkauf und Kommunikation sind
- lernen, Ihren Verkauf in eine ganz neue Dimension zu entwickeln
- Ihr Business massiv voranbringen und möglicherweise auch Ihr Leben verändern.
- Seien Sie gespannt und lassen Sie sich überraschen.

Hier bestellen >> https://amzn.to/3txprhs

ROMAN KMENTA
Die letzten
GEHEIMNISSE
im Verkauf
Die beinahe wahre Erfolgsgeschichte
eines Verkäufers,
der Verkaufen völlig neu lernt
High-End-Strategien für Vertrieb und
Kommunikation aus NLP & Psychologie
Businessroman

Printed in Poland
by Amazon Fulfillment
Poland Sp. z o.o., Wrocław
12 October 2022

0018f02b-a598-4d15-b6ca-d49a946854cdR01